亚洲代工制造类企业
空间转移及影响因素研究

Study on the Space Transfer Paths and
Influencing Factors of Asian OEM Enterprises

王庆祥　左小德　著

暨南大学出版社
JINAN UNIVERSITY PRESS

中国·广州

图书在版编目（CIP）数据

亚洲代工制造类企业空间转移及影响因素研究/王庆祥，左小德著—广州：暨南大学出版社，2019.6
ISBN 978 - 7 - 5668 - 2649 - 7

Ⅰ.①亚…　Ⅱ.①王…②左…　Ⅲ.①制造工业—工业发展—研究—亚洲　Ⅳ.①F430.64

中国版本图书馆 CIP 数据核字（2019）第 096851 号

亚洲代工制造类企业空间转移及影响因素研究
YAZHOU DAIGONG ZHIZAOLEI QIYE KONGJIAN ZHUANYI JI YINGXIANG YINSU YANJIU
著者：王庆祥　左小德

出　版　人：徐义雄
责任编辑：曾鑫华　高　婷
责任校对：朱良红
责任印制：汤慧君　周一丹

出版发行：暨南大学出版社（510630）
电　　话：总编室（8620）85221601
　　　　　营销部（8620）85225284　85228291　85228292（邮购）
传　　真：（8620）85221583（办公室）　85223774（营销部）
网　　址：http://www.jnupress.com
排　　版：广州市天河星辰文化发展部照排中心
印　　刷：广州市快美印务有限公司
开　　本：850mm×1168mm　1/32
印　　张：7.125
字　　数：163 千
版　　次：2019 年 6 月第 1 版
印　　次：2019 年 6 月第 1 次
定　　价：32.00 元

（暨大版图书如有印装质量问题，请与出版社总编室联系调换）

前　言

　　伴随着中国改革开放的进程，亚洲地区的代工制造类企业的迁移最为明显，而亚洲代工制造类企业在整个国际制造产业中，有着独特的优势和特点。随着制造业发展越来越快，中国的代工制造类企业［以台湾投资商（以下简称"台商"）的代工制造类企业为典型］的发展是整个亚洲代工制造类企业发展的代表和缩影。本书以亚洲代工制造类企业为研究对象，对中国台湾、珠三角、长三角及东南亚（越南、缅甸、新加坡、马来西亚、柬埔寨、老挝、菲律宾、印度）地区的代工制造类企业的产业空间转移进行访谈，根据文献和企业的实际情况，制定量表和调查问卷，然后发放调查问卷。通过问卷的收集和整理，结合产业转移的相关理论分析研究，运用 SPSS 19.0 对量表中的题项进行聚类分析，确定了影响亚洲代工制造类企业，特别是台商的产业空间转移的因素和动力机制。

　　本书应用系统动力学方法对各个影响因子进行敏感性分析，再将系统动力学模型输入 Vensim 9.0 软件中，并把各项动力因素数据和函数关系赋值在模型中，最后运行模型得到亚洲代工制造类企业产业空间转移的趋势，确定了各个主要的动力因素，并对各个动力因素进行了命名。

　　针对不同的阶段和地区，通过研究分析选取代表点对亚洲代工制造类企业的产业空间转移路径进行详细研究，收集代表动力因素的量化指标数据并进行处理修正，结合 Tinbergen 提出的贸易引力模型，根据企业的实际情况修正该模型。研究结果显示亚洲代工制造类企业的空间转移路径为台湾—东莞—苏州—越南，通过 Eviews 9.0 软件对各个动力因素进行最小二乘法回归分析，得出各个影响因素对产业转移的回归方程，并确定了各因子的影响程度。

本书还以我自己的公司为案例背景，研究了公司质量管理和控制的情况，这也是亚洲代工制造类企业在代工过程中，由供应链的上下游供应商倒逼质量提升的真实现状。

四年前我在暨南大学获得了 EMBA 学位，接着攻读了企业管理的博士学位，都是师从左小德教授。本书是在我的硕士学位论文和博士学位论文的基础上编辑、修改完成的。在书稿的编写过程中，师妹刘敏、亓美玲、吴雅淑，师弟肖军都提供了一些帮助，在此，一并表示感谢！

王庆祥
2019 年 1 月

目　录

1 产业转移的背景

1.1 亚洲代工制造类企业产业空间转移的背景

中国大陆的改革开放吸引了大量的港澳台和外资企业进入，这种产业空间转移以代工制造类企业（Original Equipment Manufacture，OEM）为典型代表。随着中国大陆加大对外开放的程度，以及台商受本岛市场规模的限制，台湾的一些企业从本岛迁入大陆，大陆和台湾的合作越来越密切。自 20 世纪 80 年代以来，台商已经掀起了四次向大陆进行产业转移的热潮：第一次是台商对大陆的试探性投资，主要以技术层次低、附加值不高的传统产业为主；第二次是随着台资企业在大陆的不断扩张，台商投资形式开始多样化，包括劳动力密集型和部分资本密集型产业等；第三次是台湾当局为防止岛内产业空洞化而对企业投资行为降温，使台商投资进入平稳发展阶段；第四次是现在的台商与大陆企业的合作与竞争阶段。虽然其间经历了一些曲折，但是台商在大陆的投资仍然相对稳定。

在台湾，由于受到本岛资源限制和内部经济的影响，台湾产业的发展面临瓶颈，劳动力成本、土地价格和原材料成本等的不断上涨也迫使台商不得不向外转移。而中国大陆被称为"世界工厂"，拥有大量的土地、原料等生产资源，大陆庞大的人口是一支强有力的劳动力大军，同时也是潜在的巨大消费市场。自从中国实行改革开放政策以来，大陆就对"吸引台商投资"给予了特殊的重视和支持，对来大陆进行投资的台商实行"同等优先，适当放宽"的政策。因此，台商在本岛条件限制的推力和大陆优势吸引力的双重影响下，纷纷向大陆投资并将制造产业迁移至大陆。

珠三角是我国最早实现对外开放的地区，政府对台商在珠三角投资制定了一系列的优惠政策，而且这里对台商有很强的文化和地缘吸引力，所以珠三角成为台商转移的首选区域。经过数年的发展，我国逐渐扩大国内的经济发展市场，除了珠三角，政府对长三角也加大了投资，并制定了很多政策，以促进当地经济的发展。当位于珠三角的台湾代工制造类企业的发展速度开始变缓的时候，台商又开始追随中国发展规划的趋势，慢慢将发展的重心转向了长三角。

随着制造业的不断成熟，我国对劳动力、资源和环境保护等越来越重视，特别是珠三角和长三角一些以制造业为主要产业的城市，为了可持续发展进行了城市整改，但这些城市所采取的某些整改措施导致台商劳动力成本上升，运营投入加大，生产所需要的资源受到限制，严重影响了台商在当地的发展。在中国大陆的中西部地区，制造产业的发展阻力相对较小，但是中西部地区存在着基础设施不完善、吸引产业迁入的政策力度不明显以及配套设施不足等问题。与此同时，位于东南亚地区的越南、印度尼西亚、柬埔寨等国家，在资源利用、劳动力成本和金融服务等方面的优势日渐凸显出来，因此，很多台商开始将东南亚地区作为产业的迁入点。同时，由于外来的代工制造类企业的转移，中国大陆的本土企业和这些迁入的企业也融进了全球供应链中。随着大陆本土企业的不断成长，同时，出于成本、市场等方面的综合考量，中国大陆本土企业也开始进行产业的空间转移，这些转移的企业共同促成了亚洲代工制造类企业的产业空间转移浪潮。

在综合分析亚洲代工制造类企业产业空间转移的背景下，针对亚洲代工制造类企业的产业空间转移路径，本书重点研究以下四个方面的问题：

（1）为什么越来越多的代工制造类企业（以台商企业为典型代表）要迁出？什么样的地区适合作为产业迁入地的预选区域？企业的迁入、迁出对产业迁出地和迁入地是否会形成互利共赢的发展趋势？

（2）亚洲代工制造类企业的产业空间转移影响因素是什么？这些影响因素各自的影响程度是多少？在过去的四次台商产业转移浪潮中，以及后面台商和大陆企业往东南亚转移的过程中，企业的迁入、迁出对产业迁出地和迁入地的经济有何影响？这些问题对分析产业空间转移的决策具有重要意义。

（3）影响台商产业转移除了主要因素外，还有哪些因素会影响当地产业的发展进程？

（4）在亚洲代工制造类企业（以台商为典型代表）的不断迁入、迁出过程中，是否可以找到一条具体的产业空间转移路径？如果存在，该如何分析研究该路径上的影响因子与产业转移之间的关系？

在提出这些问题从而确定本书研究目标的前提下，充分利用产业转移理论和相关的研究方法来分析代工制造类企业产业空间转移是非常必要的。产业转移一直以来都是学术界重点研究的热门问题，本书研究的主要目标就是在探讨这些亟待解决的问题之上，利用合理的研究手段和分析工具，深入研究亚洲代工制造类企业产业空间转移的路径，从而为亚洲代工制造类企业产业空间转移提供实质性的决策依据。

1.2 研究目的和意义

本书通过小组访谈，编制条目，并在文献综述的基础上，建立亚洲代工制造类企业（以台商企业为典型代表，下同）产业空间转移的概念模型，以及设计量表。在此基础上，编制实证研究的预试问卷，然后对空间转移路径进行实证检验，最后编制正式问卷进行实证分析，获得亚洲代工制造类企业产业空间转移的驱动机制和影响因素。

本书进一步以产业空间转移的理论为基础，运用系统动力学的思想及其研究手段，对亚洲代工制造类企业产业空间转移的影响因素进行敏感性分析研究，根据这类企业过去的转移历程建立针对代工制造类企业产业空间转移的系统动力学模型。根据产业空间转移的整体性趋势，研究不同阶段代工制造类企业产业空间转移的影响因素，通过分析产业空间转移地区的生产总值、经济距离、产业集群、社会环境、技术水准、劳动力数量、资源禀赋和家族传承之间的因果关系，研究因变量和自变量之间的影响关系。通过输入模型数据，找出亚洲代工制造类企业产业空间转移的趋势，为亚洲代工制造类企业产业空间转移方向的决策提供依据，同时为其他行业或企业的产业转移对策研究提供借鉴。

产业空间转移是经济领域中热门的研究课题，针对不同产业和地区的产业空间转移，其大部分影响因素的资料可以直接准确获取，所以产业空间转移在各行各业中的研究都取得了重大的突破。产业空间转移的研究和贸易引力模型的应用密切相关，贸易引力模型是国际贸易数量研究中的基础模型。自贸易引力模型提出以来，贸易研究领域对其进行了大量的研究。它具有很好的理论基础和经验支持，可以从不同的理论框架中得出某种形式的引力方程。在全球化时代，国家之间国际贸易的隔阂越来越薄，全球经济一体化的速度在加快而且进程逐渐深入，贸易自由化也成为越来越重要的课题。贸易引力模型由于其普适性，已被广泛应用于各国的贸易资料中，成为全球化时代国际贸易研究中最为有力的工具。

针对产业空间转移和贸易引力模型之间的关系，本书将通过贸易引力模型这个研究工具，对亚洲代工制造类企业的产业转移路径规律进行研究。此外，通过贸易引力模型的回归分析可以判断出产业空间转移的影响因素对产业空间转移的影响程度，便于对亚洲代工制造类企业产业空间转移的方向提供决策参考。贸易引力模型的基本表达式表明，产业空间转移吸引力的大小和两地的经济生产总值、经济距离以及相关的政府政策等因素有关。通过对贸易引力模型的修正和回归，可以分析出亚洲代工制造类企业影响因素作用的大小，有利于在亚洲代工制造类企业产业空间转移决策分析引力模型中，使用连续变量的回归参数来解释产业空间转移吸引力对某个影响因素的弹性。正号的回归参数表示影响因素的作用是促进的，负号表示抑制；影响因素的大小指示影响的程度；虚拟变量的回归参数可以解释虚拟变量条件成立时对交易的影响程度。

综合上述分析可知，系统动力学可以为本书影响因子的研究提供精确的可信度，并发现亚洲代工制造类企业产业空间转移随时间变化的趋势；贸易引力模型可以作为一个强有力的数量工具，更客观、准确地对亚洲代工制造类企业产业空间转移进行定量研究。本书对系统动力学和贸易引力模型进行了理论和实证研究，并对模型方法进行了讨论和比较，还对亚洲代工制造类企业产业空间转移进行了回归分析，为分析亚洲代工制造类企业的产业空间转移和影响因素打下了基础。

1.3　研究内容和方法

1.3.1　研究内容

本书主要以亚洲代工制造类企业为典型进行研究，而在这类产业的空间转移过程中，台商则更具代表性，台商在中国大陆投资的领域主要集中在制造业，各个行业的投资比重如图 1 - 1 所示。因此，本书选择台商为研究对象，具有典型代表性。首先，通过对这些企业进行调研和访谈，并对调研和访谈结果进行数据分析和处理，找出影响台商产业空间转移的影响因素；其次，采用系统动力学研究分析，对各因素进行敏感性分析，确定产业转移的动力因素；再次，引用贸易引力模型，在该模型的基础上进行修正，建立符合台商产业空间转移的引力模型，根据相关的统计资料，选出台商产业空间转移的代表区域，以这些区域的各项指针数据为基础，分析计算得出各产业迁入地对产业迁入吸引力的大小；最后，对各地区吸引力的大小和影响因素指针数据进行回归分析，求出亚洲代工制造类企业产业空间转移的引力模型，对各参数结果进行分析，找出亚洲代工制造类企业产业空间转移的影响因素和规律，并提出合理的建议，图 1 - 1 是 2010—2017 年台商对中国大陆投资的行业分布情况。

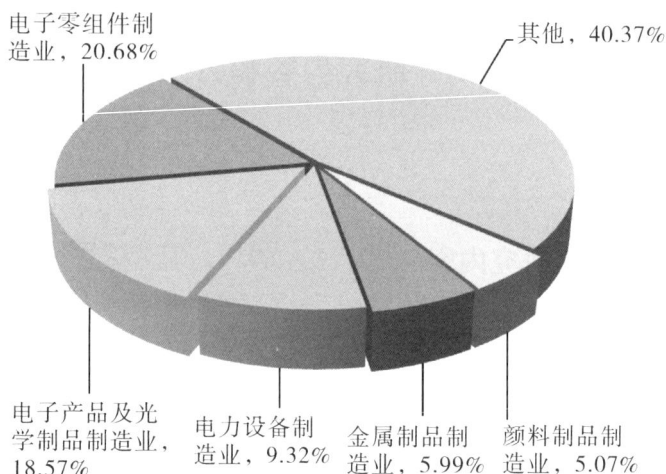

电子零组件制
造业，20.68%

其他，40.37%

电子产品及光
学制品制造业，
18.57%

电力设备制
造业，9.32%

金属制品制
造业，5.99%

颜料制品制
造业，5.07%

图 1 - 1　台商对中国大陆投资的行业分布（2010—2017 年）

数据来源：台湾"投审会"月报。

1.3.2　研究方法

（1）文献与理论分析相结合。

通过对产业空间转移的研究结果进行梳理，对产业空间转移影响因素的综述，结合相关文献的研究，总结当前产业空间转移的研究现状及发展趋势，并通过对产业空间转移理论结构的分析，为本书的研究提供有意义的方向。本书在综述大量国内外文献的基础上，一方面，通过对以往研究的具体分析，达到梳理研究思路的目的；另一方面，比较国内外最新研究方法，分析其对产业空间转移进行研究的适用性。

（2）系统动力学方法。

研究系统与整体之间的内在联系是系统动力学研究的重点所在。它研究系统内各个因素之间的联系、发展和运动，是综合自然科学和社会科学来认识和解决系统问题的研究方法。通过获取系统的历史数据，建立系统动力学模型，实现动态仿真。由于它不追求结果和"最佳解决方案"，而是追求过程——"改善制度行为的机会和路径"，故本书运用系统动力学方法来构建亚洲代工制造类企业产业空间转移的系统仿真模型，分析产业空间转移的过程。

（3）实证分析方法。

本书的实证分析过程包含两个部分：一是对收集的调查问卷的数据进行分析。以珠三角、长三角和东南亚地区的代工制造类企业产业空间转移的相关数据为样本，对影响代工制造类企业产业空间转移的因素进行实证分析和研究。二是运用计量经济学领域的贸易引力模型，通过收集影响因素的相关数据变量作为样本输入数据，对产业空间转移与影响因素之间的关系进行实证分析，并进行解释。

本书先进行产业空间转移的理论综述，提炼出产业空间转移的因素进行前期测量，然后进行相关的探索性分析和验证性分析，在此基础上进行产业空间转移因素的正式测量，并进行信度和效度分析，对提出的结构模型和假设进行实证。然后，进一步建立相关的系统动力学模型，分析影响因素的敏感性，最后通过贸易引力模型进行产业空间转移的回归分析，本书的结构框架如图1-2所示。

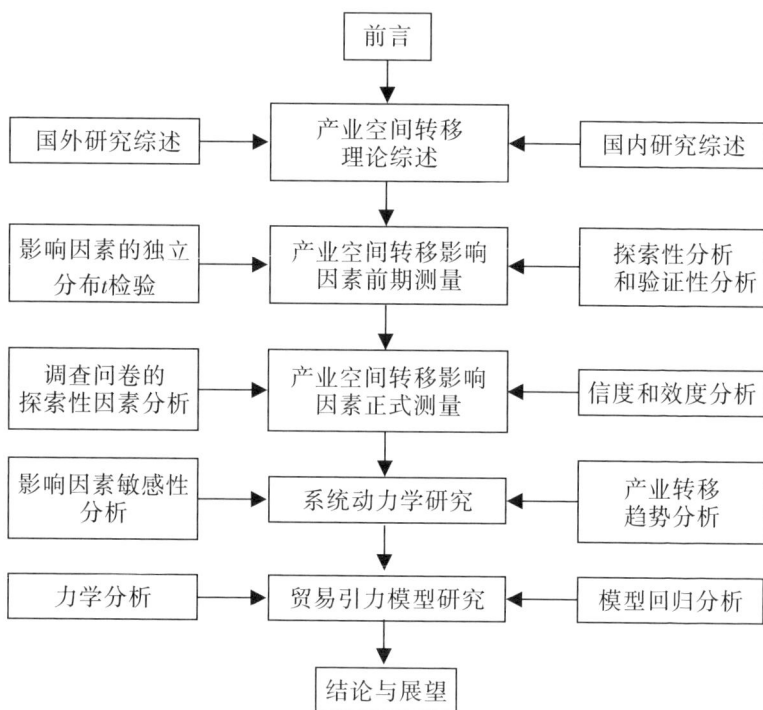

图1-2 本书研究的总体思路

2 产业空间转移的相关理论

2.1 产业空间转移的基本理论研究

近年来，产业空间转移在世界范围内都是一种普遍现象，而我国对产业空间转移的研究还处在方兴未艾的阶段，借鉴国外产业空间转移理论的研究方法和成果，对指导亚洲产业空间转移的研究具有重要意义。

2.1.1 早期关于产业空间转移的基本观点

（1）新古典区位理论。

新古典区位理论试图从经济学的角度出发，建立一个通用的企业最优选址的标准化解释模型，该模型假设决策者是"理性经济人"，并可以获得完整的信息。产业空间转移的主要驱动因素是运输成本、劳动力成本和市场规模等各种成本因素。在新古典区位理论中，"利润空间"的概念非常重要（Cubbe，2001），它划定了企业获利的空间，企业一旦超出了固定空间的界限，生产成本就会上涨，企业的利润就不足以维持企业的生存。"利润空间"是由区位的客观特征（如交通基础设施等）决定的，也可能受产业集群经济的影响（如专业劳动力的可用性、网络规模、消费、市场等）。吴连胜（2007）认为，企业会尽量降低成本，所以一般来说，企业会理性地选择最低成本的区位来最大化利润。新古典区位理论认为，当环境稳定且外部环境平衡时，企业的最低成本区位是固定的，产业空间转移是不必要的。然而，在实际生产中，企业和环境都在不断地变化，企业的变化体现在生产需求的扩大或生产过程变化等内部因素的变化上。环境的变化体现在外部因素，如要素价格的变化、外部效应的变化上。这些因素都可能导致企业收入边界的变化，进而导致"利润率"或大或小的变化。当企业受到内外部因素的影响而不再在"利润空间"中时，企业将从当前的位置迁移到新的位置，企业的迁移很可能达到利润返回的位置。Pellenbarg 等人（2002）认为，一个理性的企业会选择最佳的区位来实现利润最大化。然而，上述产业空间转移的决策只能在合理完整的信息假设下成立，事实上，企业往往没有完整的信息，或者因为信息收集的成本很高，最终没有相关的信息，迁移后的位置不一定是最佳位置，可能位于次优位置或不太理想的位置。

（2）决策行为理论。

Pin 和 Pellenbarg（1998）指出，如果要研究决策过程和决策者对区位选择的影响，应该从行为理论的角度切入。决策行为理论不是一个客观的经济标准，如生产成本、价格和利润等，决策行为理论非常重视企业家的决策过程。在决策行为理论中，区域选择被认为是战略或长期投资决策的一部分。决策行为理论认为区位选择是复杂的、不确定的、主观的。其主要的理论依据是强调决策者受内部和外部因素的影响，以及受产业空间转移相关决策过程的影响。Hayter（2012）认为企业是一种信息有限、有限理性的组织，决策过程通常是全新的。在新古典区位理论中，"理性经济人"的假设受到不完全信息和主观解释的影响，因此，在这一理论模型下，产业空间转移并不总是得到最佳的选址。与区域选择的结果相比，决策行为理论强调内部和个人特征的重要性，例如，Simon（1959）指出，由于每个决策者个人能力的不同，因此，现实生活中每个决策者都无法收集和掌握与决策有关的所有信息。在决策者不能成为"满意人"的情况下，决策者往往选择次优的区位，因此最优选址决策只存在于理想的理论模型中，在实际情况中很难到达。如何感知、编码、评价影响感知和选择过程的信息和因素是区位选择理论的核心问题。Pellenbarg（2013）构建了一个"行为矩阵"，它包括有限信息的功能、使用信息的能力、感知与智能以及不确定性这四个关键要素。在 Pellenbarg 构建的行为矩阵中，企业分为两个维度：一是企业获取信息能力的维度，二是企业利用信息能力的维度。他指出，对于满足两个维度的企业来说，信息越充分，信息能力越强，决策结果越接近最优位置；信息越有限，信息能力越弱，决策结果离最优位置越远。

（3）社会网络理论。

决策行为理论的实际应用效果较差，其缺点是过于依赖问卷调查和实证分析，因而不是普遍适用的数学解析模型。决策行为理论描述了迁移的动机和原因（如拉力和推力因素等），与新古典区位理论相同，它们都很重视区位因素，寻找生产和投资等内部因素的过程相对较少。此外，它们都有一个共同的特点，即在静态环境前提下研究企业的决策。众所周知，经济活动可以被嵌入社会系统或社会网络中，因为这些活动受到社会文化体系和价值体系的影响。克鲁格曼（1991）对经济模式的形成提出了一些决定性的影响因素，包括"偶然性""路径依赖""历史"和"特殊事件"等"不确定性"。企业建立早期区位优势时，可以通过前向和后向关联产生累加效应，这是企业在非理性经济分配和规模报酬递增效应下产生累积效应的"锁定效应"。大企业由于路径依赖和惰性而不愿意迁移，而且大企业不需要在区位选择上竞争，其主要通过在特定环境中建立知识、实践和能力来竞争。这种能力可以说是一个大企业在这个行业中独一无二的，很难被别人模仿的核心竞争力。因此，产业空间转移与区位选择应在动态环境而不是静态环境的前提下进行研究。企业的决策不仅要考虑企业内部行为和联系，还要考虑社会文化的内涵。企业的外部性来自社会的外部，企业投资战略的实质既是产业空间转移行为的结果，也是企业与供货商、政府部门、工会和其生产过程中的关键要素——价格、工资、税收、补贴、基础设施等协调的结果。对企业来说，从研究企业对路径的依赖性和"锁定效应"的角度来研究产业空间转移的过程是非常重要的。企业的路径依赖或习惯的目的是使新的企业家远离他们缺乏经验的、新的经济活动领域，如新产品、新技术、新市场或位置的改变。一般来说，企业家具有在特定市场或特定领域获得知识和经验的倾向性和依赖性，这种倾向性和依赖性会导致企业家忽视其他能带来更高回报的发展路径，也存在潜在的风险，即这很容易导致"锁定效应"在该地区的发生。由于企业在当地的生产体系中通常享有物质、政治和社会资源，它们将过分地依赖当地，不愿意离开当地进行迁移。另外，区域经济是一个错综复杂的日常交易网络，许多日常交易并不是全部在市场上进行的，这种"熟人"关系使得企业长期依赖于当地，制约着企业的迁移。这对企业的产业空间转移决策和企业迁移的路径会产生很大的影响。企业可能的迁移选择将取决于企业的初始位置，因此企业的新位置一般不会离初始位置太远。

（4）核心—边缘理论。

劳尔·普雷维什于 1966 年提出了一个著名的理论，即核心—边缘理论，该理论被用来阐述发达国家与发展中国家间的核心—边缘不平等体系，以比较发达国家与发展中国家的发展模式与政策主张的异同。1949 年弗里德曼在向拉美经济委员会递交的一份报告中将核心—边缘理论的概念引入区域经济学中。在他的核心—边缘理论中，任何国家的区域系统都被认为是由两个子空间系统组成的核心和边缘。在社会中，区域分布始终是围绕资源、市场、技术、环境等社会资源来进行的，客观上是不同的。当一个区域，形成累积发展的潜力时，该区域与其边际区域相比具有非常大的经济竞争优势，竞争优势在于区域可以成为区域经济系统的中心。由于该区域的边缘区域相对于区域而言是落后的，边缘区域处于依赖和经济自主缺乏的状态，这种状态导致空间二元结构，而这一空间二元结构将不断地涌现，并随着时间的推移而增加。然而，在研究影响因素时，政府的作用和地区间人口的迁移是不可忽视的。除了这两个因素之外，当区域和边缘区域的市场扩张、交通条件改善和城市化加速时，区域与边缘区域之间的边界将逐渐消失，即区域生态的可持续增长，并在最后一个区域将推动空间经济逐步向一体化方向发展，区域和边缘区域将初步整合。核心—边缘理论为企业的区域选择和区域迁移提供了一定的理论支持。当核心—边缘理论应用于企业时，可以解释为资源、市场、技术和环境在该区域内的客观分布，因此，当生产要素制约了区域企业的发展空间时，企业将从区域内迁移到边缘区域。土地和劳动力要素价格上涨，会使企业的生产成本上升。生产平衡理论表明，企业将减少使用这些较高价格的生产要素，这样企业只有选择迁移，才能保持较高的竞争力。此外，还有一种情况就是企业结构的转型，当企业发展到一定规模时，它们会主动进行产业升级，这种转型可以通过丰富的技术来提高产品的技术含量，改变企业在产业链中的地位，此时，企业的理性要素组合也由劳动密集型向资本密集型和技术密集型转变，资本和技术等其他生产要素的使用也随之增加。同时，企业可以更多地通过扩张性迁移来利用这些要素，以达到资本密集型和技术密集型企业的要求。产业空间转移对产业的区域经济结构、社会就业和区域经济发展有着非常重要的影响。由于产业空间转移研究的重要性，外国许多经济地理学家、地区经济学家和政策制定者一直非常关注产业空间转移。

2.1.2 近期产业空间转移基本理论

产业空间转移是产业经济学研究的一个重要领域，国内外学者围绕着产业空间转移所涉及的诸多问题展开了深入而卓有成效的研究和探讨，学者们不仅总结了不同时期、不同地域的经济运行特点和规律，还提出了很多具有代表性的观点和理论。国际上关于经济发达国家产业空间转移的理论主要有三种，即日本学者小岛清（1962）的雁行模式、产品生命周期理论和劳动密集型产业空间转移理论。此外，一些日本学者对雁行模式进行了拓展。20世纪90年代，大西胜明（1999）在《日本の产业结构》的论著中认为产业结构国际化调整的载体就是产业空间转移，企业跨国经营和产业跨国转移总是伴随着产业结构调整的过程。山泽逸平（2001）则在《亚洲太平洋经济论——21世纪行动计划建议》中提出进口、进口替代、出口增长、成熟和逆进口的五阶段模型，以亚洲尤其是日本为实例。

产品生命周期理论是由美国经济学家雷蒙德·弗农（1972）提出的，他指出每个产品在市场上都具有创新、成长、成熟、衰退这四个阶段。当产品在第一个阶段——创新阶段时，该产品在本国的生产竞争上占有优势；当产品处于成熟阶段时，则企业可以通过技术转让或对外企业直接注资等方式令该企业从次优的本国市场转移到具有优势的他国市场。英国经济学家韦尔斯（1977）、拉奥（1983）和James等（1988）从规模技术、技术地方化和技术创新产业升级等理论角度，解释了产业在国际转移的另一个非常具有影响力的因素。

早在1944年，我国学者卢根鑫就提出了中国承接国际区域间产业空间转移学说。卢根鑫认为国际贸易和国际产业投资形成的重叠产业是国际产业空间转移的基础。而且对于企业来说，产业空间转移的积极效应明显大于消极效应。他还认为发达国家将产业转入发展中国家，是发展中国家重拾产业竞争力的过程。汪斌（2003）专门对东亚地区企业的产业空间转移进行了研究，他所研究的是东亚国家向后进国家梯度转移产业的情况，这种转移如何促进东亚地区产业结构的调整，以及该区域的产业结构如何向更高层次转换的动态过程。陈建军（2002）对长三角企业的产业空间转移进行了一定规模的调研，他调研了长三角地区共105家浙江企业的产业空间转移情况，他所提出的区域产业空间转移与经济技术梯度的联系是从实证角度出发的。李小建（2004）对我国东部企业的产业空间转移进行了研究，他认为东部企业的产业升级给中部省份带来了机遇，从而引发传统产业向低梯度地区转移。汪斌、陈建军、李小建（2006）研究某一个地区产业空间转移的动因、模式及产业空间转移的效应、战略与对策方面所产生的产业落差。易鸣等（2009）提出的观点与上述不同，他认为产业空间转移的原因来自于区域竞争优势的变化。刘力、张健等（2008）的研究是基于珠三角企业问卷调查的实证结果，通过分析珠三角地区的企业迁移规模和迁移方式，探讨珠三角企业的迁移效应及其对区域产业结构演进的影响。大企业的迁移会引发产业空间转移，企业的迁移方式和迁移效果对区域产业结构的优化升级与地方经济发展两个维度都会产生不同的影响。从企业角度而言，任何产业的空间转移都可以说明企业在实现异地规模的扩张，但是转入区的产品价格将会随着大量企业的进入而下降，同时各种要素成本（如土地、劳动力等）将会随之升高，企业将无法保持转入初期的高利润率，因此，产业空间转移最终将会导致利润的平均化。对区域来说，产业空间转移是企业与政府之间的一种博弈，产业从某地区转出会导致该地区该产业竞争力的下降，而转入区该产业的竞争力将会得到提高。陈刚等人（2001）也有不同的看法，他们指出企业区域产业竞争优势的丧失才是衰退性产业空间转移的原因。他们从利益驱使的角度提出了不同的看法，产业空间转移的原因不仅在于经济技术存在的成长差，还在于产业主体存在的利益差，从而导致的产业差。他们还从产业结构的变化、企业边际效益的最大化这两个角度分析了产业空间转移的原因。

2.2 产业空间转移区位选择

关于产业空间转移区位选择主要有三种观点：一是产业集群区位的形成机制，二是区位选择理论，三是国际直接投资（Foreign Direct Investment，FDI）区位选择理论。

于树江等人（2004）立足于产业集群区位的形成机制进行了研究，重点分析了产业集群区位选择的形成机制，该机制的主要内容是区位成本的限制、区位选择的路径依赖和空间集聚的机制。

金祥荣等人（2004）在研究企业区位选择理论时，对我国民间投资区位选择变化进行了实证研究，他们的研究结果表明，现阶段民间投资的数量、市场容量和民间投资的基础是正相关的，但民间投资与政府规模呈负相关。参考霍特林模型的基本框架，曹宝明等人（2008）在区位选择领域增加了集聚效益的影响因素，运用该模型对企业区位的分散行为和集聚行为进行探讨，并对区位选择与产业集群的关系进行了分析。蒋文居等人（2011）的研究表明，企业的产业基础、地方政府的政策取向和科研资源都影响着上海 R&D（Research & Development，研究与开发）机构的分布。

国内有许多文献涉及国际直接投资区位选择理论。尹华芳（2004）使用 1979—2000 年的数据分析了中国产业政策对外国直接投资的影响。结果表明，中央政府政策对外商直接投资有显著的影响，而地方政府政策影响不大。苗芳（2011）探究了内蒙古吸引跨国公司的区位因素。张传国（2003）的研究表明，台资在大陆的区位选择主要由市场容量、基础设施、地缘因素和政策因素等决定。

2.3　产业空间转移路径的影响因素

2.3.1　劳动力影响因素

美国经济学家路易斯（1952）立足于劳动密集型产业空间转移理论，从该理论的角度提出了发达国家由于人口自然增长率下降导致熟练劳动力不足，引起劳动力成本的上升，形成了"路易斯拐点"，并导致劳动密集型产业从发达国家向发展中国家转移。

世界各国的经济发展水平总是不同的，这造成了世界各国劳动力的差异，同样也促使着某国的劳动力进行跨国的流动，而一旦某国劳动力供给减少，该国必定会发生产业空间转移，而产业空间转移又会影响到劳动力输出区域的产业结构调整和升级。戴宏伟、王云平（2008）提出了产业空间转移与产业结构调整存在着明显的互动关系。尤其在新形势下，我国区域产业结构调整面临着一些新的问题，如劳动力比较优势正在发生变化；需要正确处理技术引进、自主创新与技术升级的关系；区域经济关系正由重复竞争、投资效益低下向加强协作、协调共赢转变等。樊士德（2015）、诺贝尔经济学奖得主 Paul Krugman（2009）认为全球经济危机的自由下降阶段即将结束，但全球经济在一两年内仍难以恢复，未来仍可能面临五到十年的困难。同时，他们特别关注"中国经济转型需要加强"，因为中国经济模式的投资是如此之高，以至于从未在市场经济中看到如此高的投资比例，但这种快速增长背后的驱动力不太可能永远持续下去。中国是一个典型的二元经济体，制造业已经现代化，但农业经济仍然落后，农村的剩余劳动力多转移到了城市，劳动力成本不断上升；中国的独生子女政策导致每年进入职场的新增劳动力数量进入持平阶段，因此，他们重点关注了劳动力成本对于中国产业转型升级的影响。伊犁等（2009）也提出，随着劳动力成本和土地成本的增加，珠三角地区以低地价、低劳动力成本和破坏环境为代价的发展模式已经显示出发展后劲的不足，并对可持续发展产生了负面的影响。为了促进产业升级，提升珠三角地区产业的竞争力，保证经济持续稳定的发展，必须把劳动力密集型产业转移到具有承接能力的欠发达地区，因此，广东省在 2007 年提出了劳动力转移和产业空间转移的"双转移"战略。

2.3.2　资本流动和技术缺口的影响

Bi - Huei Tsai（1965）运用 Lotka - Volterra 模型（洛特加—沃特拉模型）从演化经济学的角度进行了研究，结果表明台湾的 IC（Integrated Current，集成电路）产业的集聚成因主要是由于国际直接投资在 21 世纪初大量流入，国际资本的注入直接导致台湾 IC 产业在生产、包装和测试等产业链上得到了很好的集成。美国经济学家钱纳里和斯特劳特（1968）创立的"双缺口模型"表明当一个发展中国家不论是受到储蓄缺口（储蓄不足）还是外汇缺口（外汇不足）的影响，都会对其发展，特别是对经济的发展造成很大的影响。因此发展中国家需要以引进外资的方式来填补双缺口（储蓄缺口和外汇缺口），从而使经济得到发展。但是，国内许多学者发现"双缺口模型"这一理论在解释中国利用外资的行为时是失败的，这一结论是在学者们对中国引入外资进行实证研究时所发现的。汤文仙、韩福荣（1989）等引入技术缺口（Tech - gap）来弥补"双缺口模型"的缺憾，技术缺口指的是如果一国存在技术缺口时，或者该国在自我研究和发展过程中存在难以估计的各种风险时，该发展中国家需要利用包括技术、知识、管理等在内的外资来避免风险，而且在利用外资时还能获得一定的技术溢出效应，与其他企业甚至外国企业缩小技术差距，争取实现本国的技术优势。这个理论很好地解释了产业空间转移过程中所涉及的技术转移效应。邓宁在 1988 年提出的国际生产折衷理论（the Paradigm of International Production）融合了过去以及现代其他学者所提出的关于国际生产理论的有关思想，在此基础上综合形成了一个独一无二的理论体系，该理论全面分析解释了国际生产的三个因素，分别是国际生产的决定因素、国际生产所采取的形式、国际生产的开展程度。支撑邓宁理论体系的"三大理论支柱"，一是企业因为具有所有权而具有优势，二是企业内部化的优势，三是企业具有的区位优势。谭介辉（1998）指出，世界全球化是大趋势，世界经济全球化也不可阻挡，一体化的步伐在不断加快。全球对外直接投资作为国与国之间在技术与经济等领域方面交流的重要手段，总额正在持续增加；因为国与国之间总是存在着技术差距，所以往往会导致产业的落差，从而引发产业从发达国家转入发展中国家，如果产业空间顺着梯度转移将会陷入"引进—落后—再引进—再落后"的恶性循环中。谭介辉还强调我国在发展的时候应主动对外投资，通过引进外资和提升自身技术来推动我国产业的发展。戴宏伟（2003）归纳了产业梯度转移的规律，并研究了京津冀经济圈的发展。他认为各国或各地区的产业结构层次存在着明显的产业梯度，这种梯度差异主要是由技术水准决定的，这对于研究我国珠三角、长三角、环渤海湾地区的产业梯度转移具有良好的借鉴作用。

2.3.3 产业集聚的影响

聂普炎（2015）以博弈理论模型中的空间竞争和搜寻成本为基础，并通过引入搜寻成本比较产业集群和非产业集群下的空间竞争模型，结果显示搜寻成本是产业集群形成的重要因素，甚至在某些行业中，搜寻成本直接导致了产业集群的产生，尤其值得关注的是零售行业。申洪源（2011）利用2002年我国投入产出表上16个制造产业的截面数据，并对本地的市场效应进行了调查，经过实证研究，发现大部分产业存在着本地市场效应。市场效应是指在一个较大规模市场上市场需求份额的增加将导致一个更大比例的产出份额的增加，结果导致众多产业在该地区形成集团。梁琦（2004）结合产业区位生命周期理论指出，知识的外在性和知识溢出空间的局限性是导致产业区位周期性变化的原因，从而致使产业发生空间转移，也因为产业的空间转移，使得集聚地区发生创新发明活动的概率提高。创新发明活动倾向于在产业集聚地区发生，而且在那些新知识投入越是重要的行业，创新发明活动发生的集聚倾向越发明显。高新技术园区是创新发明活动的产业集聚地，因此，高新技术园区存在着一个重要的理论，即知识溢出的空间局限论。王彦佳等（2015）用工厂生命周期理论，解释了中国钢铁制造业随生命周期与钢铁制造业产业集聚变化进行的不同的区位选择，王彦佳等人还进一步采用数据分析的方法，建立了区域和产业特征的模型，他们通过建立的特征模型研究了产业空间转移的空间布局和动态变化的过程。

2.3.4 资源禀赋的影响

瑞典戈特哈德·贝蒂·俄林（1933）在区域贸易与国际贸易领域系统地提出了自己的贸易理论，标志着要素禀赋说的诞生。阮建青（2014）对产业集群演化模型做了进一步的实证研究，其发现随着区域经济的发展，区域的要素禀赋随之发生了变化，劳动力、土地、原材料等价格会相对上涨，原有的产业集群生产方式可能会丧失比较优势，即使有高质量的产品也不一定能维持原来的比较优势，这其实正是中国东部沿海地区部分成熟产业集群当前面临的问题。姜安印（2010）认为资源禀赋通过两条途径影响着区域经济的发展：一是资源的价值总量，二是资源产品的价值总量，这样就形成了四大优势，即区位优势、综合成本优势、产业优势以及政策优势，而具有这一类优势的地区，应充分利用有利条件，积极吸引具有促进作用的产业进行产业空间转移。王晓萍（2014）在中国代工制造类企业向东南亚转移的驱动机制中发现，中国东部沿海地区逐渐消退的劳动力、土地等资源禀赋优势正在推动着中国代工制造类企业向东南亚国家转移，包括已经在大陆具有成熟产业基础的港台地区代工制造类企业近年来也逐渐呈现此转移趋势。王佳佳（2010）将影响产业空间转移与人力资源转移的关键因素归纳为国家政策、产业发展、资源环境、经济距离和劳动力等五个影响因素。袁境（2012）根据投入要素、产业关联和加工深度，将工业中的 39 个细分行业进一步划分为四个产业类型，即资源禀赋初级型、资源禀赋高级型、加工深化资本型和加工深化技术型。

2.3.5　政府政策的影响

E. Barbier（2010）指出在中国南方地区，地方政府的支持政策是促进产业集群和优质产业空间转移的关键要素。许德友等（2011）在研究影响珠三角产业空间转移的因素时指出，迫使外来或本地企业离开珠三角迁往其他地区的"推力"依次为政策推动、土地约束、环保管制和劳动力成本上升等；而鼓励企业继续留在珠三角的"拉力"则主要是规模经济的吸引力、城市功能限制和投资环境差异。珠三角企业通过权衡这两类因素决定是否往其他地区迁移。在这两类因素中，政府导向起着决定性的作用。翁彪、樊小玲（2014）在对台湾运动用品产业空间转移的诱因及该产业转移的途径进行研究时指出，台商在选择境外投资地时会考虑多种因素，首先是劳动力成本，其次是投资环境，有利于投资者的投资环境对境外直接投资具有重要的影响作用。根据对台湾体育用品产业空间转移区位的分布情况、地理空间距离和劳动力成本的分析，台湾体育用品产业向大陆的转移过程应是从东到中、从东到西的选择。然而，翁彪和樊小玲在实际调查中发现事实并非如此，台商仍青睐广东、江苏、浙江、上海和福建，并没有大规模地转移到中西部地区，这一现实情况只能通过投资环境的利弊来进行解释。可以看出，台商并不是单纯地关注劳动力成本，他们关注的是全方位的。宋哲（2013）认为在产业空间转移中，由于公共产品、外部经济影响、经济垄断、不正当竞争、基础设施投资等差异的存在，如果单纯地依靠市场机制，则无法避免"市场失灵"现象的发生和蔓延，这些现象必须依靠政府之手加以宏观调控才能取得良好的效果。杨本建（2014）运用广东合作产业空间转移园的调查资料，研究和分析了政府政策如何影响企业迁移的行为。身为亚洲开发银行副首席经济学家的庄巨忠（2007）也有同样的观点，影响企业投资发展的五个关键因素分别是基础设施、投资环境、政府治理、政治稳定和教育制度。易鸣（2009）以广东省珠三角的产业空间转移过程为实例，对珠三角地区产业空间转移的动因进行了梳理，易鸣提出政府在产业空间转移过程中的工作重点和定位应着力在为企业降低成本、增加效益等政策调控方面。

2.4 产业空间转移的效应研究

2.4.1 企业及区域效应研究

结合系统的角度对区域协调发展范围进行界定，产业空间转移对区域发展的影响效应包括区域系统内部之间、系统内外部之间以及系统外部之间等多个层面。James R. Markusen（1997）提出了产业关联效应的基本模型，在他看来，产业空间转移对于转入地来说，会带动相关产业的需求，通过前向联系和后向联系对其产业结构产生积极的影响。Kotsuka，T. Sonobe（2011）提出的产业集群演化模型论述了贸易商在产业集群发展中的作用以及管理型人力资本在产业升级过程中的作用，并对发展中国家如何设计有效的产业发展政策、提升国家的经济实力、减少贫困人口进行了研究，研究结果指出核心的问题在于如何促进这些国家劳动密集型产业的发展和产业集群的聚集。H. Schmitz，J. Humphrey（2000）提出的观点认为，产业链的功能升级或产业升级路径是指重新组合企业内部的各种活动，以此提高企业的经济附加值，这样企业才能获得新的功能，或该企业放弃已有的经济活动功能，增加经济活动的技术含量，实现产业链的功能升级。T. Ozawa（1974）对 1950—1974 年波士顿、伦敦等城市在日本的产业和技术迁移所带来的效应进行了分析，认为产业空间转移实际上是在寻求比较优势，从而促进贸易增长，最终实现经济增长。H. Mckeon 等（2004）认为，一些经济规模不大的国家正是因为积极接受跨国公司的产业空间转移才能实现产业结构的加快升级，最终成为现代化经济国家。对此，也有研究者持不同态度，如 A. Harrison、M. Haddad（1993）分析了摩洛哥公司的横截面数据，发现对于国内企业来说更高水平的国际产业空间转移并不一定带来生产率的增长，如果本地企业与跨国公司间的联系较弱，那么产业空间转移反而会给本国的经济增长带来负面的影响。

桑瑞聪（2013）的调研立足于 2000—2010 年长三角和珠三角地区 312 家工业上市公司，涉及国内 30 个省份，将地区和企业层面的特征综合纳入同一个研究框架，运用 Logistic 模型和 Tobit 模型，从微观层面揭示了中国产业空间转移的动力机制。王晓萍（2014）阐述我国代工制造类企业向东南亚转移的现状，研究了中国代工制造类企业向东南亚国家转移的驱动因素主要包括中国国内要素价格上涨后低成本优势的减弱、东南亚国家经济的崛起、发达国家实施"再工业化"战略等三个方面，并指出中国代工制造类企业向东南亚转移后采取全球价值链（Global Value Chain，GVC）和国家价值链（National Value

Chain，NVC）双向嵌入结合的路径或模式可获得代工制造类企业的成本优势。翁彪（2014）指出导致台湾运动用品产业空间转移的原因主要有台湾生产环境的恶化、国际产业空间转移进程的加快、产业利益差等。而产业空间转移的效应则来自于六个方面，一是可以减轻企业生产的成本压力；二是可以使企业产业结构升级；三是使企业形成产业层次；四是可以使生产要素产生流动；五是可以提高企业的竞争力；六是企业可以适当进行市场拉动。台湾运动用品产业正在向世界各地转移，它们转移的目的地主要是中国大陆、东南亚地区、中亚地区、美洲大陆的南部和非洲大陆。在现阶段，台湾运动用品产业将转移到广东、江苏、浙江、上海和福建等地，这种转移不仅取决于目的地的劳动力成本状况，还取决于目的地的投资环境等。

2.4.2　企业的品牌效应以及社会价值

品牌效应，是指品牌在产品或企业上的使用，在之后的时间里为品牌的使用者带来的效益和影响，意味着商品定位、经营模式、消费族群和利润的回报。聂普岩（2015）采用博弈论搜寻成本模型对提高企业知名度及降低客户搜寻成本、提升企业在产业集群中的影响力与话语权进行了阐述。王晓萍等（2014）使用全球价值链模式进行研究，认为产业空间转移有利于企业嵌入国际产业价值链较高的层级，从而实现提升自身综合价值的目的。

社会价值指虽然企业负责创造利润和股东利益，但它们也对员工、社会和环境负有责任，应实现企业价值和社会责任的双赢。Bi – Huei Tsai（2009）运用演化经济学模型，从台湾企业对社会投资者的责任，提升当地经济发展水平（包括技术更新和产业升级）的责任，为当地提供就业机会的责任，合理开发和利用社会资源的责任等方面剖析了产业空间转移创造的社会价值。汪克夷等（2011）通过对企业社会价值理论进行辨析，构建了企业社会价值体系模型、企业社会价值的模糊层次评价方法，以及立足于折现现金流的企业综合价值评价方法，并以案例研究对模型进行了实证检验。案例研究以及模型检验的结果体现了企业社会价值评价方法的可用性及有效性，可以定量表达企业对社会贡献的程度，该模型一方面可以将评价结果转化为社会对企业风险贴现率和长期增长率的影响系数，另一方面可以用综合价值评估模型间接地估算企业社会价值货币计量值的大小。

2.4.3　家族传承效应

家族传承是家族企业可持续发展的重要问题，是家族企业进行事业传递的主要方式，通常被界定为管理权和所有权的传递。盖尔西克（2002）基于所有权、企业和家庭的三环经典模型，B. Murray（2003）基于企业代际传承的生命周期模型，对国外家族企业代际传承的理论基础和实证模型进行了研究，主要包括企业核心要素的传承和创新、新业务的开发、培养后代的方式、降低企业的传承风险、未来管理权和所有权的传递与融合等。家族企业的所有权、经营权和控制权如何传承决定了企业未来的发展走向，家族企业的传承问题又直接关系到家族企业的生命延续问题。提高代际传承的成功率，接班人需要拥有丰富的知识、经验和技能。王陆庄（2008）、陈伟等（2014）从企业家后代培养的方式、台商家族企业传承的经验模式、家族企业传承的核心要素与企业价值等方面分析了家族企业的不同形态、类型和所处的产业结构对接班人的素质能力的要求，而接班人的素质能力也影响着企业股权设计和治理结构的完善，从而影响着代际传承的难易程度。

2.4.4 社会网络关系研究

社会网络关系主要包括业务关系、亲朋关系、当地关系。在产业空间转移的过程中，社会网络关系在其中起着较大的推动作用，虽然目前针对亚洲产业空间转移的社会网络关系研究的文献并不多，但已有的研究绝大部分支持这一论述。如严志兰（2011、2015），基于福建台商的各项社会活动，开展了为期约5年的田野调查。调查研究结果发现，台商是一个总处在转移流动过程中的特殊群体，是一个伴随着大陆与台湾的经贸往来而成长起来的新兴群体。其原因包括以下几个方面：第一，台商这一群体在大陆与台湾间保持着持续性的经济贸易往来；第二，台商在大陆和台湾的文化认同上有共同的特征性，他们往往会表现出双向性和情境性，他们是靠二次塑造心理秩序来化解身份模糊引起的心理落差和尴尬情境；第三，地缘关系和亲缘关系是维持台商对大陆认同感和归属感最重要的两类关系。通过大陆与台湾相互交织的"大圈子"和"小圈子"，筑成了本土化的社会关系网络，使得台商从经济、社会、文化和日常生活等多方面多角度嵌入到了大陆与台湾二者之间的社会关系中，这一策略不仅为台商提供了工具性的支持，还提供了情感上的支持。朱松岭、陈星（2008）基于新经济社会学的视角，对台商的非植根性状态与植根性趋势开展了实证研究。段皎琳（2009）分析研究珠三角地区青年台商的社会融入，以及在当地社会的适应性等方面，其研究结果也支持社会网络关系对台商产业空间转移、集聚以及植根大陆具有相当重要的推动作用，这一转变还将对两岸关系产生重要影响。

之所以能构成社会关系网络，是因为组织间一对一的集合关系。Williamson（1976）最先提出了网络的概念，他指出在市场和等级之间，以组织形态出现的团队统称为网络。交易是网络成本的核心思想。王缉蕊（2001）认为交易网络只是局限于公司之间的交易关系，所以该思想的局限性在于停留在企业间的贸易层面。Granovetter（1985）提出的嵌入性概念，将网络的范围从企业扩展到了更为复杂和多元化的社会关系中。Storper（1995）认为这种非贸易的相互依赖性产业，在学者们研究的集群中备受关注。吴波（2007）认为在企业网络的研究中，社会网络中存在3个"元假设"：①在网络这个大环境下，企业是相互依赖的，即企业与企业之间不是完全独立的，它们在治理结构、资源以及其他方面都存在一定的依赖；②企业的资源传递凭借的是企业的关系网络；③嵌入的网络具有两重性，既可以为企业提供成长、发展的机会，也可能会限制企业的发展。目前嵌入理论在企业行为、绩效等方面的研究中得到了较好的应用，学者们普遍认为社会网络嵌入对企业知识和信息的获取可以进行很好的解释，同时嵌入也给企业带来了更多的交流合作机会。

在企业发展初期，区域社会网络一直是影响产业空间转移的重要因素，以区域一体化为连接纽带的企业价值链关系是企业社会网络中最常见、最原始的集群企业间的合作形式。产业空间转移所嵌入的区域社会网络是一个具有多元特征的复杂系统。

事实上，产业空间转移不仅要考虑企业自身的行为，还要考虑这些行为的社会文化内涵。迁移企业的成败在某种意义上是迁移企业成长战略选择的结果，嵌入理论为企业转移的持续发展提供了理论支持。企业的生存和发展关系到许多利益相关者，并嵌入在特定的历史、文化和社会网络中，正是这种嵌入性奠定了企业核心竞争力的基石。随着企业的发展，其社交网络会扩大或缩小。如果企业不能继续嵌入其中，必然会寻求新的发展空间或建立新的社会网络，以获得新的竞争优势。当企业选择迁移时，它与原有的社会网络并不是完全分离的，这为构建一个新的社会网络奠定了基础。在开始进行产业空间转移的时候，企业会迁出原来在社会网络中的资源，当企业逐渐完成迁徙时，原有的社会网络连接逐渐淡化，而新的社会网络连接日益加强，最终完全嵌入新的社会网络中。事实上，迁移企业的成长过程也是企业从生产网络向创新网络和社会网络迁移的过程，基于地理、产业和一定区域文化背景的社会网络关系具有地域性的"嵌入性"。社会成员之间的信任、承诺和关系深深扎根于区域环境之中，它已成为该地区的风俗习惯，不容易被其他地区复制，而且这种风俗习惯迁移的机会成本很高也很难。Capello 和 Faggian（2005）指出，企业的社会网络包括地理邻近型网络和组织邻近型网络两大类，地理位置是由企业的实际区位所决定的；与其他经济实体不同，企业加入的组织网络能够确定其组织状态。

以上研究文献较好地说明了产业空间转移的主要诱因、动力机制和影响因素，也针对亚洲的部分产业进行了实证分析，但根据中国知网、Web of Science、CALLS 等国内外权威期刊网的检索结果，目前对亚洲代工制造类企业（以台湾代工制造类企业为代表）产业空间转移的路径迁移和动因机制进行深入实证研究的文献不多，这也是本书要着力研究和分析的内容。

3 概念模型和研究假设提出

3.1 研究假设

3.1.1 地理邻近型网络对产业空间转移的影响

企业的地理位置决定了企业外部的地理环境，企业的地理位置通常用企业所在地的国家、省或市县来表示。地理环境受到集聚效应等空间外部性的影响，而空间外部性分为本土化效应和城市化效应。本土化效应指的是同一产业内许多企业的集聚效应，而城市化效应是指该地区许多不同产业的集聚效应。根据新古典区位理论和决策行为理论可以发现，企业在地理位置上的接近可以带来一些明显的、实际的好处，比如接近专业劳动力市场可以降低人力资源成本，接近目标消费市场可以降低运输成本，从而降低总的生产成本，提高企业的经济效益。此外，企业的地理聚集改善了区域内的专业分工和合作，从而使网络企业能够专注于自身所擅长的核心经济活动，进而有效地整合核心竞争力。网络节点形成了整个区域生产网络的核心竞争力，并获得外部经济规模效益。此外，市场容量也是影响产业空间转移的因素。Caves（1971）、Tatoglul（1998）和张传国（2003）的研究发现，市场容量和基础设施、气候条件对产业空间迁移绩效起着重要的作用。陈伟鸿（2005）认为产品生产地的差异会直接影响企业产品的品牌形象和市场表现，进而影响企业的迁移绩效。本书把地理邻近型网络作为自变量，并做出以下的相关假设：

$H1$：地理邻近型网络对产业空间转移有正向的影响作用。

$H1A$：成本差异对产业空间转移有正向的影响作用。

$H1B$：资源差异对产业空间转移有正向的影响作用。

$H1C$：聚集规模差异对产业空间转移有正向的影响作用。

3.1.2 组织邻近型网络对产业空间转移的影响

从性质来看，企业网络分为社会网络和商业网络（Kelen，2005），企业不仅嵌入在社会网络如亲戚、朋友、同乡、同学等血缘关系、地理关系中，还嵌入在商业网络中，即企业和其他企业长期的业务联系。地方政府部门、科研机构、金融机构、中介服务机构等参与者会影响企业的行为，随着移民企业的发展，企业仅仅嵌入本地生产网络是远远不够的，有必要将本地生产网络扩展到本地网络，市场竞争的关键从基于规模经济的价格竞争转向基于创新能力的差异化竞争。本地网络由企业、金融机构、科研机构、中介服务机构等参与者组成，由于不同的连接方式和连接程度，已经形成了不同的局部网络。

国内外的研究成果表明，本地网络至少应包含一定的基本内涵，如一定的空间和开放的边界、生产企业和研发机构等创新主体。高等学校、地方政府和中介服务机构通过不同创新单位之间的关联，形成了创新体系的组织结构和空间结构，创新单元通过创新实现了创新功能。组织结构与空间结构及其环境的相互作用对区域社会经济有着重要的影响。在建立区域生产网络的基础上，移民企业应积极开展活动，探索技术创新机会，保持技术创新能力，促进企业间的合作与互动。移民企业最终形成一个动态的创新网络，在特定领域促进技术创新和资源共享。一般来说，这种创新网络的形成可以通过建立属于不同工业部门的创新中心或一批私营企业的技术联盟来实现。

由于企业嵌入在特定的本地创新网络中，企业间的迁移行为受到网络中相关行为主体的影响。在一定程度上，移民企业的持续成长取决于创新网络本身的形成和扩张。随着创新网络深度和广度的增加，企业之间的各种网络连接越来越紧密，各种创新知识和信息的传播和扩散在不断地增加，企业与政府、科研机构、中介服务机构的合作关系也比较稳定，创新网络的创新功能也发挥着更大的作用。创新网络中各参与者之间的地理集中不仅有利于高度专业化的技能和知识的积累，而且还因为沟通的便利性，如现场访问和频繁的面对面交流，使学习效率更高。在这种情况下，每个行为主体更有可能成为创新网络中的一个环节，从而降低交易成本和创新风险，提高创新效率。此外，行为主体共同的文化背景和心理习惯、相似的社会关系和社会规范有利于建立企业间的信任关系，加强企业之间的正式或非正式合作，从而促进企业之间的相互合作，企业从纯要素资源生产个体集聚到生产网络，再到区域创新网络。Collaterals 和奥尔曼（2001）对荷兰的集群和企业进行了研究，得出企业间的关系强度对创新绩效有显著影响的结论。朱利亚尼和贝尔（2005）在智利白酒产业集群的21个企业集群中识别了整个知识系统的认知作用和结构差异。以上研究得出了相同的结论，即在集群网络中，网络中的强势企业在知识获取、创造和扩散方面非常活跃。张佳文（2006）还指出，组织间关系越高，网络中心位置或媒体位置越高。李志刚（2007）通过对合肥高新技术产业集群 84 家制造企业的调查研究，发现网络密度、互惠性以及企业之间的关联关系，中介组织的 5 种网络结构特征、稳定性与资源丰富度、企业创新绩效之间存在着显著的相关关系。简朝泉（2009）对中国南部 114 家高新技术企业进行了实证研究，发现社会网络业务关系的嵌入对技术创新能力的提高有显著影响，并能产生积极的影响。企业社会网络关系（情绪效应）指的是各种形式的正式或非正式的关系，借助产业相关资源，如市场交易关系和社会关系，企业主动或被动参与特定产业领域所形成的关系，正式或非正式关系对企业的迁移行为有着深刻的影响，信任和社会资本等非物质因素在产业空间转移活动中发挥着重要的作用。移民企业的生存、发展和整合在很大程度上取决于社会关系网络的亲和性和亲和力，以及在此基础上建立的信任关系。在新的环境下，移民企业的资源受到明显限制，它们要求客观地重构社会关系网络，吸收网络成员的关键资源，寻求新的发展。然而，在产业空间转移的早期阶段，移民企业很难直接从当地社会网络中获得社会资源的支持，因此，有必要把原有的社会关系、血缘关系和地理位置联系起来。台湾企业的血缘亲和性和地缘政治的认同感将社会网络关系扩展到家庭关系。当网络成员迁移到其他地区时，它们将依赖地缘政治关系，在迁移地和它们的故土之间形成一个新的社会网络。此外，这些分布式网络不是独立于迁移地的本地网络，而是或多或少地与迁移地的本地网络交织在一起，并且在某些情况下，它们可以一起被促进和发展。基于亲和力、地理的特殊文化和"关系网络"对移民企业有着深刻的影响，这种非正式的人际关系为移民企业提供信息、知识和社会资源，已经成为其经济活动中稀缺的经济资源。在产业空间转移的早期阶段，泛家族的家庭网络在吸收和整合家族企业社会资本方面起着决定性的作用。斯塔姆（2007）研究了嵌入本地和区域关系网络中的企业活动的嵌入性与供货商、客户、市场组织、政府和其他机构以及企业家的个人网络的关系，他发现这些网络将企业与区域经济联系起来，促进了企业的成功。企业的迁移活动必然会影响其与当地组织的网络联系，从而影响企业的生产和创新，以及企业的绩效。李新春（2009）通过对 270 个样本的实证检验研究，发现嵌入型关系网络对企业绩效一直有着显著影响，而市场性关系网络对企业绩效的影响呈现强化特征。李彦军（2016）通过访谈与问卷调研资料，发现情感因素对产业空间转移和迁移绩效起着不可小视的作用。基于情感方面与产业空间转移的关系，本书做出如下假设：

*H*2：组织邻近型网络对产业空间转移有正向的影响作用。

*H*2A：业务关系对产业空间转移有正向的影响作用。

*H*2B：情感效应对产业空间转移有正向的影响作用。

3.1.3　政府规制的影响

Huisman（2005）通过回归分析证实了体制环境（如区位政策、法律、规章等）在产业空间转移决策中所发挥的作用。杨菊萍（2011）通过收集与产业空间转移相关的报道，采用内容分析方法识别中国产业空间转移的具体动因，并认为政策是中国产业空间转移最重要的动因。李晶、王智善等（2011）通过对温州民营企业空间迁移的实证研究，证明政府效率对产业空间转移区域选择有着积极的作用。徐建新（2016）通过对温州中小企业的实证研究，发现政府环境的差异对产业空间转移有着积极的影响作用。本书做出相关的如下假设：

H3：政府规制在地理邻近型网络和产业空间转移中起着调节作用。

H4：政府规制在组织邻近型网络和产业空间转移中起着调节作用。

3.2　概念模型

根据上文所提出的研究假设，综合提出本书研究的概念模型，如图 3 - 1 所示。

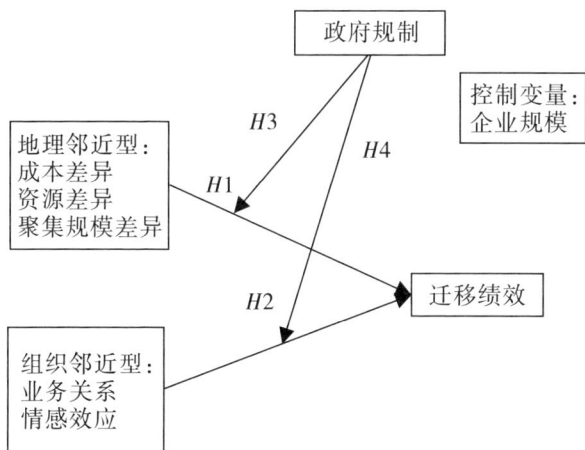

图 3 - 1　概念模型

3.3　变量选择与测量

（1）地理邻近型网络。

根据新古典区位理论和决策行为理论可知，在地理邻近的情况下，企业可以获得一些明显的实际效益，如接近专业劳动力市场能降低人力资源成本或靠近目标消费市场能降低运输成本，从而降低总的生产成本，提高企业的经济效益。此外，企业聚集促进了区域内专业与合作的分工，使网络企业能够集中精力于自身所擅长的核心经济活动，从而有效地整合了核心竞争力。网络节点构成了整个区域生产网络的核心竞争力，从而获得外部的规模经济效益。本书主要采用地理邻近型网络的三个维度，即成本差异、资源差异、聚集规模差异。Pellenbarg（2002），Wu（2007），黎逸科（2009）从降低成本的角度分析了产业空间转移降低企业生产运营成本的规律，因此，本书界定的成本差异包括人工成本、运输成本、原材料成本和信息搜索成本。Brouthers（2008）从资源优势的角度分析了产业空间转移的行为，发现气候条件也会影响到企业迁移以后的绩效。张传国（2003）的研究发现台商的投资行为存在地域的差异性，其中基础设施和市场容量是台商投资最主要的考虑因素。Narula（2009）和Tsai（2009）从聚集优势的角度考虑了产业空间转移。张立（2007）研究了品牌效应和企业成长的关系，认为品牌也是影响产业空间转移及绩效的因素。根据以上文献的分析和研究，本书提出了地理邻近型网络测量量表, 如表 3 - 1 所示。

表 3 - 1 地理邻近型网络测量量表

维度	题项	题项内容	来源
成本差异	DL1	有利于降低劳动力成本	Pellenbarg（2002），Wu（2007），黎逸科（2009），Brouthers（2008），张传国（2003），Narula（2009），Tsai（2009），张立（2007）
成本差异	DL2	有利于降低运输成本	Pellenbarg（2002），Wu（2007），黎逸科（2009），Brouthers（2008），张传国（2003），Narula（2009），Tsai（2009），张立（2007）
成本差异	DL3	有利于降低原材料成本	Pellenbarg（2002），Wu（2007），黎逸科（2009），Brouthers（2008），张传国（2003），Narula（2009），Tsai（2009），张立（2007）
资源差异	DL4	有利于降低信息搜索成本	Pellenbarg（2002），Wu（2007），黎逸科（2009），Brouthers（2008），张传国（2003），Narula（2009），Tsai（2009），张立（2007）
资源差异	DL5	气候条件更加适宜	Pellenbarg（2002），Wu（2007），黎逸科（2009），Brouthers（2008），张传国（2003），Narula（2009），Tsai（2009），张立（2007）
资源差异	DL6	社会基础设施更加完善	Pellenbarg（2002），Wu（2007），黎逸科（2009），Brouthers（2008），张传国（2003），Narula（2009），Tsai（2009），张立（2007）
聚集规模差异	DL7	市场容量更大	Pellenbarg（2002），Wu（2007），黎逸科（2009），Brouthers（2008），张传国（2003），Narula（2009），Tsai（2009），张立（2007）
聚集规模差异	DL8	有利于实现规模经济	Pellenbarg（2002），Wu（2007），黎逸科（2009），Brouthers（2008），张传国（2003），Narula（2009），Tsai（2009），张立（2007）
聚集规模差异	DL9	有利于降低客户的搜索成本	Pellenbarg（2002），Wu（2007），黎逸科（2009），Brouthers（2008），张传国（2003），Narula（2009），Tsai（2009），张立（2007）
聚集规模差异	DL10	有利于提升品牌形象	Pellenbarg（2002），Wu（2007），黎逸科（2009），Brouthers（2008），张传国（2003），Narula（2009），Tsai（2009），张立（2007）

（2）组织邻近型网络。

本书把组织邻近型网络作为自变量，主要采用组织邻近型网络的两个维度来度量，即业务关系、情感效应，其中业务关系主要包括与科研机构、行业企业、中介服务机构之间的关系。根据陈伟鸿（2008）、Scott（2000）和程聪（2012）的研究，业务关系主要选取高等院校、产业协会、技术联盟等因素。赵丽（2011）以139家制造企业为例，研究供应链整合、企业经营绩效与财务绩效之间的关系，实证结果表明供应链整合对企业财务绩效有正向影响。情感效应是指台商在迁徙时的地缘政治、血缘关系。张继焦（2005）研究了迁移创业型家族企业对社会资本的利用，以及考虑家族企业在发展中面临的信任、规范管理及发展规模的问题。根据李彦军（2016）的研究，情感因素除文化偏好、乡土情怀、血缘和亲缘之外，还包括家族传承的因素。根据以上文献的分析和研究，本书提出了组织邻近型网络测量量表，如表3-2所示。

表3-2　组织邻近型网络测量量表

变数	题项	题项内容	来源
业务关系	ZZ1	高等院校和研究院校较多	陈伟鸿（2008），Scott（2000），程聪（2012），赵丽（2011），张继焦（2005），李彦军（2016）
	ZZ2	产业协会的引导	
	ZZ3	供应链可以更加有效地整合	
	ZZ4	有利于实现技术联盟	
情感效应	ZZ5	文化偏好，对某个区位文化环境的认同度	
	ZZ6	对某个地区的乡土情怀	
	ZZ7	迁入地血缘和亲缘关系，家族或者同乡的影响	
	ZZ8	有利于家族企业的发展	

（3）政府规制。

本书把政府规制作为调节变量。产业空间转移受到政府规制的调节，主要表现在政府的服务和政策上面。张崇明（2013）对浙江慈溪市外商投资企业做了问卷调查，结果显示政府运作的效率、产业配套设施等是影响产业空间转移的重要因素。黎逸科（2014）分析了珠三角地区企业外迁的原因，发现区域政府政策是影响企业外迁的重要原因。李晶、王智善（2012）从政府政策、融资便利性、企业管理环境、信息技术水准、信息技术等 240 个方面对温州鞋业、服装制造业、电子通信业、食品机械行业、打火机行业等进行了研究，从市场、品牌形象、产业链等 12 个层面分析了产业空间转移的区位选择。魏候凯（2005）认为，产业空间转移是区域政府间的动态博弈，地方政府应为企业的发展和经营创造良好的软环境。杨居平（2006）提出，由于产业发展政策、城市环境管理条例、政府政策、法规等的限制，中国众多企业只能被动地选择转移，因此，政府对于产业空间转移有着非常大的影响。郑江怀（2004）认为，市场运作和政府干预经济的政策与手段将对总部搬迁产生重要的影响。

（4）企业规模。

吴波（2014）以中国上市公司为例，分析了迁入地的优势对总部迁移绩效的影响，认为迁入地总部集聚的优势和迁入地信息沟通的优势会因迁入企业规模而异。因此本书将企业的生产规模作为控制变量，研究其对产业空间转移的影响。魏立春（2013）以中国上市公司为例，分析中国上市公司总部迁移跨度对迁移绩效的影响，发现企业的规模在产业空间转移中起着调节作用。刘颖（2014）基于浙江省上虞市 32 家污染企业及相关部门的访谈，研究了污染产业空间转移，发现企业规模是影响污染企业迁移意愿的重要内部因素。本书还把企业的生产作业面积作为企业规模的观测变量。

（5）产业空间转移。

本书把产业空间转移作为因变量。从已有的研究看，基于实证资料分析迁移所带来企业绩效的变化主要沿着三个思路来进行：一是将股票市场的反映作为企业绩效的替代，通过分析上市公司发布迁移公告后事件窗内超常收益率的变化情况判断迁移对企业绩效的影响；二是以上市公司作为分析样本，通过产业空间转移前后各年的资本收益率（Rate of Asset，ROA）、净资产收益率（Rate of Return on Common Stockholders' Equity，ROE）等财务指标的变化判断迁移对企业绩效产生的影响；三是以实际调查资料为基础进行分析，通过比较迁移企业与对照企业之间或者产业空间转移前后的销售收入、雇员人数、利税等企业成长指标上的差异来分析迁移对企业绩效产生的影响。可以看到，基于第一种研究思路进行分析关注的是企业的短期绩效，基于后两种研究思路进行分析关注的是企业的长期绩效；前两种研究思路均只能以上市公司作为分析样本，而第三种研究思路的分析样本没有这样的限制。本书采用第三种研究思路，这是因为中国股票市场还不是很成熟，投资者还处在需要进一步成熟的阶段，股票价格与企业经营绩效的关联度不是很高。本书调研的主体是亚洲代工制造类企业，重点是台湾代工制造类企业，基于数据的可获得性，采用第三种研究思路，研究结果会更加合理。

本书主要采用企业转移以后的经济和成长绩效维度来描述产业空间转移的绩效。徐金法、张宏和蒋青虎（2012）将康德公司作为案例进行研究，分析了康德公司十年来产业空间转移对企业绩效的影响。杨居平（2013）在其论文中指出产业空间转移对企业绩效的影响存在于两个方面：企业的位置和位置的变化。陈伟鸿（2011）通过问卷调查研究了浙江的私营企业，结果表明地理邻近度和组织邻近迁移与企业创新绩效呈正相关关系，同时组织邻近型产业空间转移与企业的整体绩效呈相关关系。Gregory（2005）以1993—1998年公布的167家上市公司为样本，共发现了6个财务指标：总收益率、资产收益率、净资产收益率、利润率、销售成本和经营成本，在企业总部迁移前后7年的绩效与未迁移企业比较没有显著的差异。

本书主要以亚洲代工制造类企业为例来研究企业的迁移绩效，主要以亚洲代工制造类企业与对照企业或者产业空间转移前后的销售收入、运营成本和创新水平等企业成长指标上的差异来分析迁移对企业绩效产生的影响。根据以上文献的分析和研究，本书提出了产业空间转移测量量表，如表3-3所示。

表3-3　产业空间转移测量量表

维度	题项	题项内容	来源
迁移绩效	JX1	实施产业空间转移后企业的销售额有所增加	Gregory（2005），徐金法等人（2006），杨居平（2013）
	JX2	实施产业空间转移后降低了企业的运营成本	
	JX3	实施产业空间转移后提高了企业的创新能力	

4 产业空间转移的实证分析

4.1 深度访谈

4.1.1 访谈故事

本次访谈以几位台湾企业家讲述企业发展故事的形式展开，其中有 4 位台湾企业家参与访谈，他们主要来自珠宝水晶、银饰加工行业。目前他们企业的工厂均建在广州市花都国际珠宝城内，该珠宝城以台资企业"石头记"为龙头，吸引了中国香港、台湾以及土耳其、波兰、美国等多个国家和地区共 88 家企业（有近 20 家台湾企业）入驻园内。

在发放预调研问卷之前需要对一些所调研的企业进行访谈记录，以便通过阅读文献抽取出来的关键词条目，结合访谈记录共同提炼企业进行产业空间转移决策时的思考逻辑，提高本问卷的信度和效度。首先对花都国际珠宝城的台湾企业进行了访谈，访谈记录如表 4-1 至表 4-4 所示。

表 4 - 1 故事 1

访谈时间：2016 年 4 月 29 日 14：00—15：30	访谈地点：广州大新美术馆
访谈议题：关于台湾代工制造类企业的产业空间转移	
受访谈人：王董事长	

王董之前一直在台湾从事眼镜加工，在台湾做到了一定规模后，由于台湾本岛的市场规模有限，因此，慢慢开始接出口订单。在王董的经营下，公司生意日渐红火，出口订单增长很快。公司要想扩大产能就需要扩大厂房，但受限于台湾的土地资源匮乏，同时，随着台湾经济的发展，人工成本也在上升。因此，在改革开放之初，王董就来大陆考察，选定了在广州发展和投资。

王董最初在位于广州东郊的天河棠下工业区投资建厂，随着广州城区建设和发展中心的东移，工业区周围建起了大型的购物中心和楼盘，工业区逐渐成了闹市区，王董不失时机地把工业区的厂房改成了工业写字楼出租，同时，把制造业搬到了花都，这样厂房各个方面的成本都低得多。在王董的带动下，好几个从事相关行业的台湾同行也和王董一样，把厂房搬到了花都。

随着广东省的双转移战略的深入，以及广州南拓北优的城市规划的纵深推进，花都政府逐步进行土地收储，王董已经多次考察了东南亚的投资环境，正准备将部分产业迁到东南亚。在产业迁出前，王董的儿子刚好大学毕业，王董在台湾买下了四十亩地，盖了新工厂，让儿子自己创业，现在工厂已经投产并量产，生产经营都已经步入了正轨。

注：①实施双转移战略的目的是为了使珠三角劳动密集型产业向东西两翼、粤北山区转移；而东西两翼、粤北山区的劳动力，一方面向当地第二、三产业转移，另一方面一些较高素质的劳动力向发达的珠三角地区转移，从而实现广东的可持续发展。双转移战略的实施主要是以珠三角各地的产业转移园区为载体，以一对一的产业转移帮扶为主要方式进行。

②南拓北优是广州东进南拓西联北优城市发展战略的一部分。经过十多年的发展，广州南拓北优的城市发展战略取得了巨大成就：南拓不但延续了华南板块的神话，还启动了南沙楼市；东进让萝岗板块成为热点，又让新塘楼市跃出水面；西联不仅使金沙洲风生水起，更令南海板块得以冉冉升起；而北优也促使了从化、花都的大力发展。

表4-2 故事2

访谈时间：2016 年 4 月 29 日 15：30—17：00	访谈地点：广州大新美术馆
访谈议题：关于台湾代工制造类企业的产业空间转移	
受访谈人：阿顺	

阿顺的工厂主要加工水晶饰品，1990 年之后，阿顺从台湾来到河南，当时大陆关税不严，河南盛产独山玉且价格便宜，阿顺在大陆收购独山玉带回台湾工厂进行加工，赚得人生第一桶金。1998 年左右，阿顺在广州荔湾广场租下门店，从移动贸易商转变成为固定贸易商。2003 年，广州花都区招商引资，阿顺在花都设立工厂加工水晶。目前，该工厂从巴西、墨西哥等地采购原材料，加工成产品后销售至世界各地。阿顺的工厂是台资企业"石头记"的供货商之一，除此之外，阿顺在广州天河区跑马场有休闲场所，产品还会运往该休闲场所以及各旅游景点进行销售。

目前政府给予台商很优厚的待遇，土地价格为每亩 5 万元人民币，购买土地者拥有土地使用证，还有相应的政策扶持。阿顺认为未来企业可能往大陆进行产业空间转移，但是由于加工水晶比较特殊，对温度要求比较高，为保证加工成本不增加，冬天气候较寒冷的地方（如上海、北京等）暂时不会考虑。福建虽然拥有良好的地理优势，但原材料来源不便且没有珠宝水晶相关行业的产业链；河南虽然拥有更大的珠宝交易平台，但是其珠宝产品较低端。目前而言，广东不仅具有珠宝产业集聚群，而且拥有全国性交易市场，是阿顺最优的选择。

表 4 - 3　故事 3

访谈时间：2016 年 4 月 30 日 21：00—22：30	访谈地点：广州大新美术馆
访谈议题：关于台湾代工制造类企业的产业空间转移	
受访谈人：李总	

　　1991 年，李总在台湾招募股东准备在大陆开设家电制造厂，1993 年，李总来到厦门考察。厦门拥有 200 亩场地可供使用，但家电制造需要大量供电，并且需要相应的配件供货商供货。当时厦门的场地电力供应不足，每天停电的时间未知，且场地周围没有供货商，综合考虑后，李总放弃了在厦门设厂的机会。

　　随后，李总来到广东东莞塘厦，塘厦有许多台商，在人脉、资本以及原材料等资源方面可以互助。在海关以及税务等方面也有相应的优惠政策。东莞是中国最大的制造业城市，塘厦周围有丰富的供货商为工厂供应加工材料。来东莞打工的人口多，员工招募相对容易。塘厦地价便宜、厂房空间大、水电供应充足、员工薪资低，企业绩效明显提高。

　　但是随着企业的发展壮大，场地逐渐不够用；塘厦的发展很快，交通渐渐拥挤，运输变得不方便。员工由原来的 1 300 人增加到了 2 300 人，员工工资逐年增加，国家规定的企业员工社保比例也逐年增加，导致企业的人工成本不断增加。2008 年全球金融风暴，导致原材料价格上涨，外销美国的市场急剧萎缩，企业生存状况严峻。

　　人工成本、供货商以及原材料价格对代工制造类企业至关重要。目前台湾代工制造类企业原材料都是通过全球采购的，价格一致，那么企业的绩效取决于企业工厂的土地价格、厂房价格、税费以及人工成本。当产品的交货期一样、质量没有很大区别时，成本就是企业盈利的全部。就如同水库效应，整个产业的利润会从上往下源源不断地流向更低的地方，中上游赚取少许利润，下游利润集聚起来形成水库，赚取的利润最多。

表4-4 故事4

访谈时间：2016年4月30日 22：30—23：59	访谈地点：广州大新美术馆
访谈议题：关于台湾代工制造类企业的产业空间转移	
受访谈人：谢总	

谢总服完兵役回来后在台湾经营银饰加工，通过周围朋友介绍在台南开展直销，业务越做越大。20世纪70年代，台湾劳动力成本和土地价格变得越来越高，而且台湾市场小，接到的国际订单少，公司的发展遭遇了瓶颈。

谢总考虑进行产业空间转移，最早在银饰加工工艺较发达的曼谷开设工厂，当时曼谷银饰款式多，市场大，但泰国当地工作时间短，工人做事比较拖拉，经常耽误交货。随后，谢总将注意力转移到大陆，大陆当时的银饰款式单一，谢总加工的银饰在大陆市场销售火爆，看到市场前景的谢总在大陆也创办了自己的企业，企业注册名为曼古。2000年后，广州花都区招商，给予台商较优厚的条件。谢总在台湾的朋友也有不少在花都建厂，于是谢总决定把工厂设在广州市花都区。在花都区的台商虽然大都已经建厂，但一直没有办下国土使用证（这也是此次大多数花都台商反映的共同问题）。

提到企业未来产业空间转移的动因，谢总认为成本是主要的驱动力，特别是人工成本。目前该企业的主工厂仍在曼谷，曼谷的人工成本相比其他地方较低，而且特有的银饰文化更有利于公司产品的销售。目前谢总的企业不仅代工生产银饰，而且自己的品牌也在大陆拥有多家线下零售店。

谢总也在考虑进行产业升级，对于产业如何升级，谢总认为企业除了技术升级以外，还要成立自己的品牌，通过经营自己的品牌打响市场的知名度。谢总还希望把资本分散，在花都开设餐饮等服务业，实施多元化经营。因谢总的大儿子一直在泰国，并已成家，而且泰国现在政策比较优惠，劳动力成本比大陆低，所以，企业未来可能还会再次向泰国转移。

4 产业空间转移的实证分析 / 57

4.1.2 访谈总结

基于本次访谈，人工成本、政府政策、原料供应、产业链以及气候等都影响了台商的转移路线。对于代工制造类企业，成本的竞争优势有利于企业获得更多的利润，未来代工制造类企业的产业空间转移仍然离不开对这几个方面因素的考虑。研究还发现，产业的升级活动也会伴随产业空间转移而出现。

通过本次对几位台商的访谈，可以从中总结出几点影响代工制造类企业产业空间转移的重要因素。首先是与经济发展相关的影响因素，如企业内部成本、人工成本、运营成本、产业聚集等都影响着企业进行产业空间转移。其次，在产业空间转移过程中转移地的基础设施、工业化程度、公共服务水平、城市宜居程度、气候环境，也是台商考虑的因素。最后，政府政策也是台商考虑产业空间转移的风向标之一。除此之外，台商的社会关系网络也在影响着产业空间转移，社会关系网络包括同行业领导企业、同行业上下游企业的转移，当地台商数目以及台商是否在当地有联姻，子女是否适应大陆的教育等，这些都是产业空间转移过程中的隐性影响因素。

几位台商在实施产业空间转移后，企业的绩效相应地有所提高，并且为当地的经济发展做出了巨大的贡献。

4.2 预调研问卷分析

根据已建立的概念模型和所提出来的量表，本部分将对问卷进行设计和研究。首先是对量表的分析，结合本书中变量的定义，对国内外学者的成熟量表进行分析比较，然后根据问卷设计的原则，设计严格的调查表，形成预调研问卷。在初步调查前，由管理学者和高级管理人员对预调研问卷进行审核，根据管理专家和高级管理人员的意见，对问卷进行了初步修订。接着，开始在广州市花都区和东莞市发放问卷进行预测试，调查的途径主要是通过台商行业协会直接联系企业的高层管理者进行问卷发放、填写和回收。事后使用统计软件对数据进行分析，制定最终调研问卷。

预调研问卷

尊敬的女士/先生：

您好，首先感谢您参加本次问卷调研！

本问卷主要通过对企业产业空间转移的行为进行分析，找到影响企业产业空间转移路径的因素及绩效机理等。产业空间转移是指在市场经济条件下，发达地区的部分企业顺应区域比较优势的变化，通过跨区域直接投资，把部分产业的生产转移到欠发达地区，从而在产业空间分布上表现出该产业由发达地区向欠发达地区移动的现象。如果您的企业经历过产业空间转移，真诚地希望您能帮助我们填写问卷，协助我们完成研究。

我们郑重承诺：本调查问卷仅作学术研究之用，不需要署名，贵公司提供的任何信息我们都将予以严格保密。感谢您的支持和帮助，祝您工作顺利！

填答说明：

1. 请选择相应的数字或字母写在后面的括号内；

2. 请在横线处工整地填写相应的内容；

3. 欢迎您给出您做出如此选择的原因。

本问卷的题目无对错之分，请您根据您的实际情况选择您认为合适的选项，因为问卷填写不完整会使研究失去价值，所以请不要遗漏任何一项。

第一部分：贵企业基本信息

企业的名称：＿＿＿＿＿＿＿＿＿＿＿＿＿＿＿

企业所在地：＿＿＿＿＿＿＿＿＿＿＿＿＿＿＿

企业生产作业面积：＿＿＿＿＿＿＿＿＿＿＿＿

1. 贵企业所属代工领域（　　）。

A. 能源矿产/石油化工　　　　B. IT/互联网/通信/电子

C. 房产/建筑建设/物业　　　　D. 广告/传媒/印刷出版

E. 消费零售/贸易/交通物流　　F. 汽车/加工制造/仪表设备

G. 医药生物/医疗保健　　　　H. 其他（　　）

2. 贵企业的用工规模（　　）。

A. 50 人以下　　　　　　　　B. 50 ~ 100 人

C. 100 ~ 300 人　　　　　　　D. 300 ~ 500 人

E. 500 人及以上

3. 贵企业在本地投入资本额度（　　　）。

A. 100 万元以下　　　　　　　B. 100 万 ~ 500 万元

C. 500 万 ~ 1 000 万元　　　　D. 1 000 万元及以上

4. 贵企业是否拥有自己的品牌（　　　）。

A. 是　　　　　　　　　　　B. 否

5. 贵企业最近三年的平均营业收入（折合成人民币）（　　　）。

A. 500 万元以下　　　　　　　B. 500 万 ~ 1 000 万元

C. 1 000 万 ~ 3 000 万元　　　D. 3 000 万 ~ 5 000 万元

E. 5 000 万 ~ 1 亿元　　　　　F. 1 亿 ~ 3 亿元

G. 3 亿 ~ 5 亿元　　　　　　　H. 5 亿 ~ 10 亿元

I. 10 亿元及以上

6. 贵企业成立年限(　　　)。

A. 3 年以下　　　　　　　　　B. 3 ~ 5 年

C. 5 ~ 8 年　　　　　　　　　D. 8 年以上

第二部分：了解贵企业产业空间转移路径的影响因素情况。请根据您的感觉与理解来评估对下列各陈述句的同意程度（其中"1"代表完全不同意，"5"代表完全同意。请您在填写时注意：①选择时有所侧重，不要一律只选其中一项；②请不要漏选，避免造成问卷无效）

评价标准	完全不同意	不同意	一般	同意	完全同意	
代表选项	1	2	3	4	5	
2.1　与社会相关的影响因素						
1. 当地居民的主要语言、文化背景和受教育程度对贵企业选择产业空间转移路径影响显著	1	2	3	4	5	(　　　)

2. 当地的工作习惯对贵企业选择产业空间转移路径影响显著	1	2	3	4	5	（ ）
3. 当地居民的接纳态度对贵企业选择产业空间转移路径影响显著	1	2	3	4	5	（ ）
2.2 与经济相关的影响因素						
1. 贵企业外部成本（运输成本、营销成本、水电成本、交际应酬等）对贵企业选择产业空间转移路径影响显著	1	2	3	4	5	（ ）
2. 贵企业资本流动（承接地人均国民生产总值、承接地外汇缺口、承接地在全球价值链的位置等）对贵企业选择产业空间转移路径影响显著	1	2	3	4	5	（ ）
3. 市场需求（目标市场的消费者收入水平、目标市场的消费者需求、目标市场的潜在市场容量、该产品在目标市场的生命周期阶段）对贵企业选择产业空间转移路径影响显著	1	2	3	4	5	（ ）
4. 产业集聚（搜寻成本、承接地产业集聚运输成本、承接地的规模效应、承接地是否建立工业园等）对贵企业选择产业空间转移路径影响显著	1	2	3	4	5	（ ）

（续上表）

2.3　与技术相关的影响因素						
1. 台湾与当地的技术差距对贵企业选择产业空间转移路径影响显著	1	2	3	4	5	（　）
2. 当地工业化对贵企业选择产业空间转移路径影响显著	1	2	3	4	5	（　）
3. 当地技术转移能力对贵企业选择产业空间转移路径影响显著	1	2	3	4	5	（　）
2.4　与当地资源相关的影响因素						
1. 当地气候环境对贵企业选择产业空间转移路径影响显著	1	2	3	4	5	（　）
2. 当地自然条件对贵企业选择产业空间转移路径影响显著	1	2	3	4	5	（　）
3. 当地原材料资源对贵企业选择产业空间转移路径影响显著	1	2	3	4	5	（　）
4. 当地的地貌特征对贵企业选择产业空间转移路径影响显著	1	2	3	4	5	（　）
第三部分：了解产业空间转移产生的绩效情况（请根据您的感觉与理解来评估对下列各陈述句的同意程度。其中"1"代表完全不同意，"5"代表完全同意。请您在填写时注意：①选择时有所侧重，不要一律只选其中一项；②请不要漏选，避免造成问卷无效）						

（续上表）

评价标准	完全不同意	不同意	一般	同意	完全同意	
代表选项	1	2	3	4	5	
3.1 与企业运营相关的绩效情况						
1. 实施产业空间转移有利于贵企业降低运营成本，增加销售额	1	2	3	4	5	（ ）
2. 实施产业空间转移有利于贵企业提高投入产出效率	1	2	3	4	5	（ ）
3. 实施产业空间转移有利于贵企业扩大生产规模	1	2	3	4	5	（ ）
3.2 与企业发展相关的绩效情况						
1. 实施产业空间转移有利于贵企业降低客户搜寻成本	1	2	3	4	5	（ ）
2. 实施产业空间转移有利于贵企业提升产业竞争力	1	2	3	4	5	（ ）
3.3 对当地发展绩效影响						
1. 实施产业空间转移有利于贵企业提高各方投资者收益	1	2	3	4	5	（ ）
2. 实施产业空间转移有利于贵企业提升当地经济发展水平	1	2	3	4	5	（ ）
3. 实施产业空间转移有利于贵企业为当地提供就业机会	1	2	3	4	5	（ ）
4. 实施产业空间转移有利于贵企业合理开发各种资源	1	2	3	4	5	（ ）

（续上表）

3.4　与家族传承相关绩效							
1. 实施产业空间转移有利于贵企业核心要素的传承和创新	1	2	3	4	5	（	）
2. 实施产业空间转移有利于贵企业未来管理权和所有权的传递与融合	1	2	3	4	5	（	）
3. 实施产业空间转移有利于贵企业培养后代独立创业精神	1	2	3	4	5	（	）
4. 实施产业空间转移有利于贵企业降低传承风险和失败率	1	2	3	4	5	（	）

第四部分：了解社会关系网络对产业空间转移的影响因素在您的考虑中所占权重（请根据您的感觉与理解来评估对下列各陈述句的同意程度。其中"1"代表完全不同意，"5"代表完全同意。请您在填写时注意：①选择时有所侧重，不要一律只选其中一项；②请不要漏选，避免造成问卷无效）

评价标准	完全不同意	不同意	一般	同意	完全同意		
代表选项	1	2	3	4	5		
4.1　与业务关系相关的影响因素							
1. 同行业领导企业产业空间转移到某一地区对贵企业选择产业空间转移路径影响显著	1	2	3	4	5	（	）
2. 同行业类似企业产业空间转移到某一地区获得成功对贵企业选择产业空间转移路径影响显著	1	2	3	4	5	（	）

（续上表）

3. 同行业上下游企业产业空间转移到某一地区获得成功对贵企业选择产业空间转移路径影响显著	1	2	3	4	5	（ ）
4. 行业协会的引导对贵企业选择产业空间转移路径影响显著	1	2	3	4	5	（ ）
5. 当地台商数量对贵企业选择产业空间转移路径影响显著	1	2	3	4	5	（ ）
4.2　与亲朋关系相关的影响因素						
1. 家人对产业空间转移的看法与态度对贵企业选择产业空间转移路径影响显著	1	2	3	4	5	（ ）
2. 同乡和朋友对产业空间转移的看法与态度对贵企业选择产业空间转移路径影响显著	1	2	3	4	5	（ ）
3. 信任和推崇的人士对产业空间转移的看法与态度对贵企业选择产业空间转移路径影响显著	1	2	3	4	5	（ ）
4. 已经转移到当地的台商目前的发展现状对贵企业选择产业空间转移路径影响显著	1	2	3	4	5	（ ）
4.3　与当地关系相关的影响因素						
1. 异地联姻对贵企业选择产业空间转移路径影响显著	1	2	3	4	5	（ ）

（续上表）

2. 子女异地入学入托等对贵企业选择产业空间转移路径影响显著	1	2	3	4	5	（ ）
3. 能否融入当地人际圈对贵企业选择产业空间转移路径影响显著	1	2	3	4	5	（ ）
4. 承接地居民对企业的认知对贵企业选择产业空间转移路径影响显著	1	2	3	4	5	（ ）

第五部分：了解政策法规对产业空间转移的影响因素在您的考虑中所占权重（请根据您的感觉与理解来评估对下列各陈述句的同意程度。其中"1"代表完全不同意，"5"代表完全同意。请您在填写时注意：①选择时有所侧重，不要一律只选其中一项；②请不要漏选，避免造成问卷无效）

评价标准	完全不同意	不同意	一般	同意	完全同意	
代表选项	1	2	3	4	5	
5.1　与政策法规相关的影响因素						
1. 法律法规（如环保、安全、消防、市场准入等政策）对贵企业选择产业空间转移路径影响显著	1	2	3	4	5	（ ）
2. 土地、税收等政策对贵企业选择产业空间转移路径影响显著	1	2	3	4	5	（ ）
3. 金融和补贴政策对贵企业选择产业空间转移路径影响显著	1	2	3	4	5	（ ）

（续上表）

4. 社会保障及最低工资标准对贵企业选择产业空间转移路径影响显著	1	2	3	4	5	（　　）
5. 当地水、电、气等价格优惠政策对贵企业选择产业空间转移路径影响显著	1	2	3	4	5	（　　）
5.2　当地政府服务的影响						
1. 政治稳定和政府态度对贵企业选择产业空间转移路径影响显著	1	2	3	4	5	（　　）
2. 基础设施及公共服务水平对贵企业选择产业空间转移路径影响显著	1	2	3	4	5	（　　）
3. 当地的经济开放程度对贵企业选择产业空间转移路径影响显著	1	2	3	4	5	（　　）
4. 城市宜居程度对贵企业选择产业空间转移路径影响显著	1	2	3	4	5	（　　）

第六部分：开放型问题（可多选）

1. 贵企业曾经转移过的区域（　　　）。

A. 东南亚（越南、缅甸、新加坡、马来西亚、柬埔寨、老挝、菲律宾、印度）

B. 中国长三角地区

C. 中国珠三角地区

D. 中国福建

E. 中国中西部地区

F. 其他（　　）

2. 贵企业下一步考虑转移的区域（　　　）。

A. 东南亚（越南、缅甸、新加坡、马来西亚、柬埔寨、老挝、菲律宾、印度）

B. 中国长三角地区

C. 中国珠三角地区

D. 中国福建

E. 中国中西部地区

F. 其他（　　）

3. 贵企业认为目前其他国家政策（如越南、柬埔寨等）与我国政策在哪些方面存在不同（　　　）。

A. 产业的扶持及调整程度

B. 法律及市场准入环境

C. 税收优惠

D. 融资贷款便利性

E. 土地价格的高低

F. 员工最低工资标准及社会保障

G. 其他（　　）

4. 除了以上影响因素外，贵企业认为还有哪些驱动力和主要障碍是影响产业空间转移的因素？

_____

_____

5. 贵企业未来几年的发展目标是什么?

_____

_____

6. 如果可以给政府提意见,最希望政府在哪些方面制定政策来支持贵企业向当地进行产业空间转移?

_____

_____

第七部分:请选择您个人的基本信息

1. 您的性别:□男　□女

2. 您的年龄:□30 岁以下　□30~45 岁　□45~55 岁 □55 岁及以上

3. 您的教育程度:□专科及以下　□大学本科　□硕士研究生及以上

4. 您的工作岗位:□中层管理者　□高层管理者　□董事长

本调查共发放问卷 120 份, 回收 105 份, 有效问卷 98 份, 问卷的回收有效率为 81. 67%。问卷主要通过电子邮件和直接联系高层管理者进行发放。

(1) 问卷的预调研分析。

本研究初步验证和修正了本书所涉及的变量的测量, 从而提高了各测量量表的有效性和科学性。

(2) 预调研测量量表的 CITC 及信度。

可靠性是衡量测量量表可信度或一致性的统计指标。本研究使用克朗巴赫的 Alpha 进行可靠性分析, 以 0. 6 作为评估有效性的最低标准。预调研的数据处理使用的另外一个分析工具是分项—总体相关系数 (CITC), 如果 CITC 的值小于 0. 4, 则删除该测量问题项。

4.2.1 独立分布 t 检验

为了验证样本是否能够有效地区分, 按照心理学上的分类标准划分量表, 即比均值高一个标准差 (大约 27%) 划分为高分组, 比均值低一个标准差划分为低分值, 并对每个量表分别进行独立分布 t 检验。

(1) 企业转移因素量表独立分布 t 检验。

企业转移因素量表独立分布 t 检验结果如表 4 – 5 所示。

表4-5 企业转移因素量表独立分布 t 检验

转移因素	假设	F	Sig.	t	df	Sig.（双侧）
当地居民的主要语言、文化背景和受教育程度211	假设方差相等	28.682	0.000	-19.191	149.000	0.000
	假设方差不相等			-19.143	129.402	0.000
当地的工作习惯212	假设方差相等	24.519	0.000	-21.006	149.000	0.000
	假设方差不相等			-20.924	109.646	0.000
当地居民的接纳态度213	假设方差相等	114.063	0.000	-21.872	149.000	0.000
	假设方差不相等			-21.742	82.508	0.000
贵企业外部成本221	假设方差相等	7.773	0.006	-10.078	149.000	0.000
	假设方差不相等			-10.051	127.214	0.000
贵企业资本流动222	假设方差相等	122.151	0.000	-23.027	149.000	0.000
	假设方差不相等			-22.883	78.257	0.000
市场需求223	假设方差相等	191.730	0.000	-17.036	149.000	0.000
	假设方差不相等			-16.928	77.188	0.000

（续上表）

转移因素	假设	*F*	*Sig.*	*t*	*df*	*Sig.*（双侧）
产业集聚 224	假设方差相等	10.462	0.002	-14.379	149.000	0.000
	假设方差不相等			-14.349	134.351	0.000
台湾与当地的技术差距 231	假设方差相等	9.203	0.003	-17.413	149.000	0.000
	假设方差不相等			-17.364	125.527	0.000
当地工业化 232	假设方差相等	0.076	0.783	-16.321	149.000	0.000
	假设方差不相等			-16.287	134.746	0.000
当地技术转移能力 233	假设方差相等	2.007	0.159	-15.006	149.000	0.000
	假设方差不相等			-14.969	129.349	0.000
当地气候环境 241	假设方差相等	12.309	0.001	-16.895	149.000	0.000
	假设方差不相等			-16.855	131.098	0.000
当地自然条件 242	假设方差相等	6.658	0.011	-19.212	149.000	0.000
	假设方差不相等			-19.190	143.886	0.000

（续上表）

转移因素	假设	F	Sig.	t	df	Sig.（双侧）
当地原材料资源 243	假设方差相等	12.896	0.000	-16.240	149.000	0.000
	假设方差不相等			-16.188	120.205	0.000
当地的地貌特征 244	假设方差相等	0.725	0.396	-23.525	149.000	0.000
	假设方差不相等			-23.513	147.929	0.000

结论：量表被区别为高分组和低分组以后，对企业转移因素量表进行独立 t 检验分布，可以看到样本能够有效地区分开，所有题项均保留。

（2）企业转移绩效量表独立分布 t 检验。

企业转移绩效量表独立分布 t 检验如表 4-6 所示。

表 4-6　企业转移绩效量表独立分布 t 检验

转移因素	假设	F	Sig.	t	df	Sig.（双侧）
降低运营成本，增加销售额 311	假设方差相等	23.311	0.000	-10.550	149.000	0.000
	假设方差不相等			-10.513	115.064	0.000
提高投入产出效率 312	假设方差相等	9.735	0.002	-13.052	149.000	0.000
	假设方差不相等			-13.031	139.836	0.000

（续上表）

转移因素	假设	*F*	*Sig.*	*t*	*df*	*Sig.*（双侧）
扩大生产规模 313	假设方差相等	39.403	0.000	-16.256	149.000	0.000
	假设方差不相等			-16.182	100.525	0.000
降低客户搜寻成本 321	假设方差相等	16.637	0.000	-18.379	149.000	0.000
	假设方差不相等			-18.306	109.085	0.000
提升产业竞争力 322	假设方差相等	54.347	0.000	-12.877	149.000	0.000
	假设方差不相等			-12.817	99.238	0.000
提高各方投资者收益 331	假设方差相等	1.489	0.224	-17.387	149.000	0.000
	假设方差不相等			-17.355	137.942	0.000
提升当地经济发展水平 332	假设方差相等	0.027	0.871	-19.974	149.000	0.000
	假设方差不相等			-19.957	145.871	0.000
为当地提供就业机会 333	假设方差相等	13.882	0.000	-20.521	149.000	0.000
	假设方差不相等			-20.474	132.342	0.000

（续上表）

转移因素	假设	F	Sig.	t	df	Sig.（双侧）
合理开发各种资源334	假设方差相等	7.273	0.008	−18.052	149.000	0.000
	假设方差不相等			−18.013	134.332	0.000
核心要素的传承和创新341	假设方差相等	3.631	0.059	−13.244	149.000	0.000
	假设方差不相等			−13.236	147.466	0.000
未来管理权和所有权的传递与融合342	假设方差相等	5.981	0.016	−12.466	149.000	0.000
	假设方差不相等			−12.451	143.183	0.000
培养后代独立创业精神343	假设方差相等	0.000	0.987	−14.823	149.000	0.000
	假设方差不相等			−14.824	149.000	0.000
降低传承风险和失败率344	假设方差相等	4.999	0.027	−15.303	149.000	0.000
	假设方差不相等			−15.281	141.842	0.000

结论：量表被区别为高分组和低分组以后，对企业转移绩效量表进行独立分布 t 检验，可以看到样本能够有效地区分开，所有题项均保留。

（3）社会关系网络量表独立分布 t 检验。

社会关系网络量表独立分布 t 检验结果如表4-7所示。

表4-7 社会关系网络量表独立分布 t 检验

社会关系网络	假设	F	$Sig.$	t	df	$Sig.$（双侧）
同行业领导企业转移411	假设方差相等	1.138	0.288	-11.723	149.000	0.000
	假设方差不相等			-11.709	143.368	0.000
同行业类似企业转移并获得成功412	假设方差相等	0.437	0.510	-17.750	149.000	0.000
	假设方差不相等			-17.716	136.391	0.000
同行业上下游企业转移413	假设方差相等	0.214	0.644	-9.811	149.000	0.000
	假设方差不相等			-9.801	145.025	0.000
行业协会的引导414	假设方差相等	10.484	0.001	-22.930	149.000	0.000
	假设方差不相等			-22.892	139.529	0.000
当地台商数量415	假设方差相等	6.199	0.014	-17.193	149.000	0.000
	假设方差不相等			-17.163	138.244	0.000

（续上表）

社会关系网络	假设	F	Sig.	t	df	Sig.（双侧）
家人的看法与态度 421	假设方差相等	1.149	0.285	-14.356	149.000	0.000
	假设方差不相等			-14.320	129.633	0.000
同乡和朋友的看法与态度 422	假设方差相等	0.040	0.841	-14.744	149.000	0.000
	假设方差不相等			-14.723	141.566	0.000
信任和推崇的人士的看法与态度 423	假设方差相等	1.857	0.175	-16.027	149.000	0.000
	假设方差不相等			-15.991	132.651	0.000
已经转移到当地的台商目前的发展现状 424	假设方差相等	60.045	0.000	-21.771	149.000	0.000
	假设方差不相等			-21.674	102.178	0.000
异地联姻 431	假设方差相等	1.196	0.276	-17.020	149.000	0.000
	假设方差不相等			-17.005	146.236	0.000
子女异地入学入托 432	假设方差相等	0.830	0.364	-11.087	149.000	0.000
	假设方差不相等			-11.085	148.777	0.000

（续上表）

社会关系网络	假设	F	$Sig.$	t	df	$Sig.$（双侧）
能否融入当地人际圈433	假设方差相等	1.296	0.257	-15.636	149.000	0.000
	假设方差不相等			-15.593	126.254	0.000
承接地居民对贵企业的认知434	假设方差相等	12.018	0.001	-17.908	149.000	0.000
	假设方差不相等			-17.853	121.679	0.000

结论：量表被区别为高分组和低分组以后，对社会关系网络量表进行独立分布 t 检验，可以看到样本能够有效地区分开，所有题项均保留。

（4）政府服务与政策量表独立分布 t 检验。

政府服务与政策量表独立分布 t 检验结果如表 4 - 8 所示。

表 4 - 8 政府服务与政策量表独立分布 t 检验

政府服务与政策	假设	F	$Sig.$	t	df	$Sig.$（双侧）
法律法规511	假设方差相等	72.675	0.000	-12.543	149.000	0.000
	假设方差不相等			-12.483	97.172	0.000

（续上表）

政府服务与政策	假设	F	Sig.	t	df	Sig.（双侧）
土地、税收等政策512	假设方差相等	260.487	0.000	-19.076	149.000	0.000
	假设方差不相等			-18.957	78.662	0.000
金融和补贴政策513	假设方差相等	115.484	0.000	-18.606	149.000	0.000
	假设方差不相等			-18.505	89.111	0.000
社会保障及最低工资标准514	假设方差相等	77.088	0.000	-12.539	149.000	0.000
	假设方差不相等			-12.470	87.520	0.000
当地水、电、气等价格优惠政策515	假设方差相等	36.557	0.000	-27.723	149.000	0.000
	假设方差不相等			-27.565	85.317	0.000
政治稳定和政府态度521	假设方差相等	97.720	0.000	-17.417	149.000	0.000
	假设方差不相等			-17.340	102.680	0.000
基础设施及公共服务水平522	假设方差相等	18.328	0.000	-18.899	149.000	0.000
	假设方差不相等			-18.830	113.609	0.000

（续上表）

政府服务 与政策	假设	F	Sig.	t	df	Sig.（双侧）
当地的经 济开放程 度 523	假设方差 相等	35.227	0.000	-18.507	149.000	0.000
	假设方差 不相等			-18.495	112.608	0.000
城市宜居 程度 524	假设方差 相等	25.864	0.000	-21.411	149.000	0.000
	假设方差 不相等			-21.369	136.099	0.000

结论：量表被区别为高分组和低分组以后，对政府服务与政策量表进行独立分布 t 检验，可以看到样本能够有效地区分开，所有题项均保留。

4.2.2 预调研问卷信度分析

为了测验结果的一致性、稳定性及可靠性，一般多以内在一致性来表示问卷信度的高低。信度系数大于0.6，表明问卷的内在一致性较高，内在质量较稳定。本书采用SPSS 19.0进行信度分析检验。

（1）地理邻近型网络的CITC和信度检验。

地理邻近型网络的CITC和信度检验结果如表4-9所示，成本差异的四个题项的最初信度系数为0.556，其中DL4题项的

CITC 为 - 0.26，小于基本的判断标准 0.4。删除题项 DL4 后，信度系数提高到 0.876，大于基本的判断标准 0.6。因此，地理邻近型网络量表应该删除题项 DL4。资源差异和聚集规模差异的信度系数分别为 0.840 和 0.845，均高于基本的判断标准 0.6，其中各题项的 CITC 均高于基本的判断标准 0.4，表明资源差异和聚集规模差异具有良好的信度。

表 4 - 9　地理邻近型网络的 CITC 和信度检验

变量	α 系数	题项	CITC	删除该项后的 α 系数
成本差异	最初 0.556	DL1	0.686	- 0.373
		DL2	0.549	- 0.733
		DL3	0.441	- 0.271
		DL4	- 0.26	0.932
	最终 0.876	DL1	0.876	
		DL2	0.832	
		DL3	0.826	
资源差异	0.840	DL4	0.779	0.683
		DL5	0.805	0.669
		DL6	0.529	0.937
聚集规模差异	0.845	DL7	0.500	0.622
		DL8	0.643	0.567
		DL9	0.439	0.426

（2）组织邻近型网络的 CITC 和信度检验。

组织邻近型网络的 CITC 和信度检验结果如表 4 - 10 所示。

表 4 - 10　组织邻近型网络的 CITC 和信度检验

变量	α 系数	题项	CITC	删除该项后的 α 系数
业务关系	0.811	ZZ1	0.660	0.664
		ZZ2	0.597	0.770
		ZZ3	0.700	- 0.560
		ZZ4	0.653	0.865
情感效应	0.800	ZZ5	0.782	0.650
		ZZ6	0.632	- 0.767
		ZZ7	0.673	0.462
		ZZ8	0.467	- 0.482

由 4 - 10 可知, 组织邻近型网络分为业务关系和情感效应两个维度。业务关系维度的信度系数为 0.811, 高于基本的判断标准 0.6, CITC 的最小值为 0.597, 高于基本的判断标准 0.4, 说明业务关系维度的 4 个题项具有良好的信度水平。情感效应维度的信度系数为 0.800, 高于基本的判断标准 0.6, CITC 的最小值为 0.467, 高于基本的判断标准 0.4, 说明情感效应维度的 4 个题项具有良好的信度水平。

(3) 政府服务与政策的 CITC 和信度检验。

政府服务与政策量表含有 5 个题项, 信度水平为 0.881, 高于基本的判断标准 0.6, 同时 CITC 的最小值为 0.604, 高于基本的判断标准 0.4, 因此可以说明政府服务与政策具有良好的信度水平, 检验结果如表 4 - 11 所示。

表 4 - 11　政府服务与政策的 CITC 和信度检验

变量	α 系数	题项	CITC	删除该项后的 α 系数
政府服务与政策	0.881	ZF1	0.786	0.644
		ZF2	0.605	0.572
		ZF3	0.636	0.667
		ZF4	0.755	0.647
		ZF5	0.604	0.772

（4）迁移绩效的 CITC 和信度检验。

迁移绩效量表含有 3 个题项，信度水平为 0.868，高于基本的判断标准 0.6，同时 CITC 的最小值为 0.546，高于基本的判断标准 0.4，因此可以说明迁移绩效量表具有良好的信度水平，检验结果如表 4 - 12 所示。

表 4 - 12　迁移绩效的 CITC 和信度检验

变量	α 系数	题项	CITC	删除该项后的 α 系数
迁移绩效	0.868	JX1	0.546	0.724
		JX2	0.562	0.712
		JX3	0.785	0.564

4.2.3　探索性因素分析

为了验证根据文献综述抽取出来的量表是否有效，在正式调研之前，进行预试，对预试结果进行探索性因素分析，从而分析量表结构是否有效，本书采用 SPSS 19.0 进行探索性因素分析。

（1）企业转移因素量表探索性因素分析。

KMO 和 Bartlett 的检验结果如表 4 – 13 所示。

表 4 – 13　KMO 和 Bartlett 的检验结果

取样足够度的 KMO 度量		0.919
Bartlett 的球形度检验	近似卡方	311.148
	df	91.000
	卡方/df	3.420
	Sig.	0.000

一般而言 KMO 值大于 0.5，量表结构效度良好，可以进行探索性因素分析。该量表的 KMO 值达到 0.919，因此可以进行探索性因素分析，结果如表 4 – 14 所示。

表 4 – 14　旋转成分矩阵[a]

企业转移因素	成分			
	1	2	3	4
当地居民的主要语言、文化背景和受教育程度 211	0.257	0.806	0.314	0.023
当地的工作习惯 212	0.267	0.740	0.371	0.141
当地居民的接纳态度 213	0.341	0.732	0.175	0.356
贵企业外部成本 221	0.180	0.181	0.909	0.152

（续上表）

企业转移因素	成分			
	1	2	3	4
贵企业资本流动 222	0.468	0.029	0.358	0.616
市场需求 223	0.335	0.246	0.134	0.659
产业集聚 224	0.123	0.243	0.616	0.430
台湾与当地的技术差距 231	0.316	0.435	0.625	0.120
当地工业化 232	0.339	0.306	0.710	0.214
当地技术转移能力 233	0.308	0.194	0.866	−0.011
当地气候环境 241	0.809	0.266	0.271	0.167
当地自然条件 242	0.827	0.292	0.287	0.106
当地原材料资源 243	0.758	0.344	0.198	0.056
当地的地貌特征 244	0.726	0.322	0.290	0.273
提取方法：主成分 旋转法：具有 Kaiser 标准化的正交旋转法				
a. 旋转在 6 次迭代后收敛				

结论：由于题项 221 和题项 224 的探索性因素系数得分过低，删除这两个题项。

（2）企业转移绩效量表探索性因素分析。

KMO 和 Bartlett 的检验结果如表 4 – 15 所示。

表 4 – 15　KMO 和 Bartlett 的检验结果

取样足够度的 KMO 度量		0. 897
Bartlett 的球形度检验	近似卡方	156. 205
	df	78. 000
	卡方/df	2. 000
	Sig.	0. 000

该量表 KMO 值大于 0. 8，说明该量表的结构效度良好，可以进行探索性因素分析，结果如表 4 – 16 所示。

表 4 – 16　旋转成分矩阵[a]

企业转移绩效	成分			
	1	2	3	4
降低运营成本，增加销售额 311	0. 134	0. 166	0. 839	0. 254
提高投入产出效率 312	0. 192	0. 198	0. 873	0. 163
扩大生产规模 313	0. 206	0. 424	0. 716	0. 217
降低客户搜寻成本 321	0. 213	0. 361	0. 267	0. 749
提升产业竞争力 322	0. 182	0. 224	0. 316	0. 822
提高各方投资者收益 331	0. 279	0. 655	0. 298	0. 268
提升当地经济发展水平 332	0. 330	0. 733	0. 227	0. 396
为当地提供就业机会 333	0. 251	0. 859	0. 305	0. 167
合理开发各种资源 334	0. 390	0. 596	0. 144	0. 498
核心要素的传承和创新 341	0. 842	0. 263	0. 183	0. 169
未来管理权和所有权的传递与融合 342	0. 852	0. 079	0. 089	0. 386
培养后代独立创业精神 343	0. 852	0. 280	0. 157	0. 185

（续上表）

企业转移绩效	成分			
	1	2	3	4
降低传承风险和失败率 344	0.758	0.421	0.277	-0.075
提取方法：主成分 旋转法：具有 Kaiser 标准化的正交旋转法				
a. 旋转在 6 次迭代后收敛				

结论：所有题项的探索性因素系数均大于 0.5，所有题项有效，可以保留。

（3）社会关系网络量表探索性因素分析。

KMO 和 Bartlett 的检验结果如表 4 - 17 所示。

表 4 - 17　*KMO* 和 Bartlett 的检验结果

取样足够度的 *KMO* 度量		0.891
Bartlett 的球形度检验	近似卡方	252.751
	df	78.000
	卡方/*df*	3.240
	Sig.	0.000

该量表 *KMO* 值达到 0.891，说明该量表的结构效度良好，可以进行探索性因素分析，结果如表 4 - 18 所示。

表 4-18　旋转成分矩阵[a]

	成分		
	1	2	3
同行业领导企业转移 411	0.232	0.118	0.873
同行业类似企业转移并获得成功 412	0.397	0.656	0.380
同行业上下游企业转移 413	0.152	0.890	0.091
行业协会的引导 414	0.492	0.267	0.678
当地台商数量 415	0.322	0.261	0.734
家人的看法与态度 421	0.169	0.810	0.221
同乡和朋友的看法与态度 422	0.282	0.806	0.149
信任和推崇的人士的看法与态度 423	0.382	0.773	0.067
已经转移到当地的台商目前的发展现状 424	0.408	0.776	0.072
异地联姻 431	0.621	0.408	0.302
子女异地入学入托 432	0.297	0.618	0.067
能否融入当地人际圈 433	0.725	0.367	0.249
承接地居民对贵企业的认知 434	0.753	0.354	0.260
提取方法：主成分 旋转法：具有 Kaiser 标准化的正交旋转法			
a. 旋转在 5 次迭代后收敛			

结论：该量表中，412、413、432 三个题项的探索性因素系数小于 0.5，因此删除这三个题项。

（4）政府服务与政策量表探索性因素分析。

KMO 和 Bartlett 的检验结果如表 4-19 所示。

表 4 – 19　KMO 和 Bartlett 的检验结果

取样足够度的 *KMO* 度量		0.851
Bartlett 的球形度检验	近似卡方	45.606
	df	28.000
	卡方/*df*	1.630
	Sig.	0.000

该量表 *KMO* 值大于 0.8，表明该量表的结构效度良好，可以进行探索性因素分析，结果如表 4 – 20 所示。

表 4 – 20　旋转成分矩阵

	成分	
	1	2
法律法规 511	0.189	0.863
土地、税收等政策 512	0.441	0.769
金融和补贴政策 513	0.801	0.260
社会保障及最低工资标准 514	0.182	0.829
当地水、电、气等价格优惠政策 515	0.660	0.550
政治稳定和政府态度 521	0.834	0.184
基础设施及公共服务水平 522	0.761	0.390
当地的经济开放程度 523	0.632	0.552
城市宜居程度 524	0.797	0.155

结论：题项 513 探索性因素系数小于 0.5，因此删除该题项。

4.3　正式问卷分析

本书主要研究代工制造类企业总部的产业空间转移绩效与社会网络嵌入的关系。研究方法的科学性、研究过程的严谨性和研究设计的合理性决定了研究结论的可靠性，而样本质量是决定研究结论可靠性的关键因素。采样方法是决定数据质量的一个重要因素。主要有两种抽样方法：随机抽样法和非随机抽样法。随机抽样意味着抽取样本的概率是相等的。便利抽样法和判断抽样法是非随机抽样法的典型代表。便利抽样法是根据方便性和可行性的原则提取样本，不影响研究结果。判断抽样法是根据研究的特点，先对被抽样对象进行判断，以便收集最适合自己研究的信息。

正式调研问卷

尊敬的女士/先生：

您好，首先感谢您参加本次问卷调研！

本问卷主要通过对企业产业空间转移的行为进行分析，找到影响企业产业空间转移路径的因素及绩效机理等。产业空间转移是指在市场经济条件下，发达地区的部分企业顺应区域比较优势的变化，通过跨区域直接投资，把部分产业的生产转移到欠发达地区，从而在产业分布上表现出该产业由发达地区向欠发达地区移动的现象。如果您的企业经历过产业空间转移，真诚地希望您能帮助我们填写问卷，协助我们完成研究。

我们郑重承诺：本调查问卷将仅作学术研究之用，不需要署名，贵公司提供的任何信息我们都将予以严格保密。感谢您的支持和帮助，祝您工作顺利！

填答说明：

1. 请选择相应的数字或字母写在后面的括号内；

2. 请在横线处工整地填写相应的内容；

3. 欢迎您给出您做出如此选择的原因。

本问卷的题目无对错之分，请您根据您的实际情况选择您认为合适的选项，因为问卷填写不完整会使研究失去价值，所以请不要遗漏任何一项。

第一部分：贵企业基本信息

企业的名称：＿＿＿＿＿＿＿＿＿＿＿＿＿＿＿＿＿

企业所在地：＿＿＿＿＿＿＿＿＿＿＿＿＿＿＿＿＿

企业生产作业面积：＿＿＿＿＿＿＿＿＿＿＿＿＿

1. 贵企业所属代工领域（　　　）。

A. 能源矿产/石油化工　　　　B. IT/互联网/通信/电子

C. 房产/建筑建设/物业　　　　D. 广告/传媒/印刷出版

E. 消费零售/贸易/交通物流　　F. 汽车/加工制造/仪表设备

G. 医药生物/医疗保健　　　　H. 其他（　　　）

2. 贵企业的用工规模（　　　）。

A. 50 人以下　　　　　　　　B. 50～100 人

C. 100～300 人　　　　　　　D. 300～500 人

E. 500 人及以上

3. 贵企业在本地投入资本额度（　　）。

A. 100 万元以下　　　　　　B. 100 万 ~ 500 万元

C. 500 万 ~ 1 000 万元　　　D. 1 000 万元及以上

4. 贵企业是否拥有自己的品牌（　　）。

A. 是　　　　　　　　　　　B. 否

5. 贵企业最近三年的平均营业收入（折合成人民币）（　　）。

A. 500 万元以下　　　　　　B. 500 万 ~ 1 000 万元

C. 1 000 万 ~ 3 000 万元　　D. 3 000 万 ~ 5 000 万元

E. 5 000 万 ~ 1 亿元　　　　F. 1 亿 ~ 3 亿元

G. 3 亿 ~ 5 亿元　　　　　　H. 5 亿 ~ 10 亿元

I. 10 亿元及以上

6. 贵企业成立的年限（　　）

A. 3 年以下　　　　　　　　B. 3 ~ 5 年

C. 5 ~ 8 年　　　　　　　　D. 8 年以上

第二部分：了解贵企业产业空间转移路径的影响因素情况（请根据您的感觉与理解来评估对下列各陈述句的同意程度。其中"1"代表完全不同意，"5"代表完全同意。请您在填写时注意：①选择时有所侧重，不要一律只选其中一项；②请不要漏选，避免造成问卷无效）

评价标准	完全不同意	不同意	一般	同意	完全同意	
代表选项	1	2	3	4	5	

（续上表）

2.1　与社会相关的影响因素						
1. 当地居民的主要语言、文化背景和受教育程度对贵企业选择产业空间转移路径影响显著	1	2	3	4	5	（　　）
2. 当地的工作习惯对贵企业选择产业空间转移路径影响显著	1	2	3	4	5	（　　）
3. 当地居民的接纳态度对贵企业选择产业空间转移路径影响显著	1	2	3	4	5	（　　）
2.2　与经济相关的影响因素						
1. 贵企业资本流动（承接地人均国民生产总值、承接地外汇缺口、承接地在全球价值链的位置等）对贵企业选择产业空间转移路径影响显著	1	2	3	4	5	（　　）
2. 市场需求（目标市场的消费者收入水平、目标市场的消费者需求、目标市场的潜在市场容量、该产品在目标市场的生命周期阶段）对贵企业选择产业空间转移路径影响显著	1	2	3	4	5	（　　）
2.3　与技术相关的影响因素						
1. 台湾与当地的技术差距对贵企业选择产业空间转移路径影响显著	1	2	3	4	5	（　　）

（续上表）

2. 当地工业化对贵企业选择产业空间转移路径影响显著	1	2	3	4	5	（	）
3. 当地技术转移能力对贵企业选择产业空间转移路径影响显著	1	2	3	4	5	（	）
2.4　与当地资源相关的影响因素							
1. 当地气候环境对贵企业选择产业空间转移路径影响显著	1	2	3	4	5	（	）
2. 当地自然条件对贵企业选择产业空间转移路径影响显著	1	2	3	4	5	（	）
3. 当地原材料资源对贵企业选择产业空间转移路径影响显著	1	2	3	4	5	（	）

第三部分：了解产业空间转移产生的绩效情况（请根据您的感觉与理解来评估对下列各陈述句的同意程度。其中"1"代表完全不同意，"5"代表完全同意。请您在填写时注意：①选择时有所侧重，不要一律只选其中一项；②请不要漏选，避免造成问卷无效）

评价标准	完全不同意	不同意	一般	同意	完全同意	
代表选项	1	2	3	4	5	
3.1　与企业运营相关的绩效情况						
1. 实施产业空间转移有利于贵企业降低运营成本，增加销售额	1	2	3	4	5	（　　）
2. 实施产业空间转移有利于贵企业提高投入产出效率	1	2	3	4	5	（　　）

（续上表）

3. 实施产业空间转移有利于贵企业扩大生产规模	1	2	3	4	5	（ ）
3.2　与企业发展相关的绩效情况						
1. 实施产业空间转移有利于贵企业降低客户搜寻成本	1	2	3	4	5	（ ）
2. 实施产业空间转移有利于贵企业提升产业竞争力	1	2	3	4	5	（ ）
3.3　对当地发展绩效影响						
1. 实施产业空间转移有利于贵企业提高各方投资者收益	1	2	3	4	5	（ ）
2. 实施产业空间转移有利于贵企业提升当地经济发展水平	1	2	3	4	5	（ ）
3. 实施产业空间转移有利于贵企业为当地提供就业机会	1	2	3	4	5	（ ）
4. 实施产业空间转移有利于贵企业合理开发各种资源	1	2	3	4	5	（ ）
3.4　与家族传承相关绩效						
1. 实施产业空间转移有利于贵企业核心要素的传承和创新	1	2	3	4	5	（ ）
2. 实施产业空间转移有利于贵企业未来管理权和所有权的传递与融合	1	2	3	4	5	（ ）
3. 实施产业空间转移有利于贵企业培养后代独立创业精神	1	2	3	4	5	（ ）
4. 实施产业空间转移有利于贵企业降低传承风险和失败率	1	2	3	4	5	（ ）

（续上表）

第四部分：了解社会关系网络对产业空间转移的影响因素在您的考虑中所占权重（请根据您的感觉与理解来评估对下列各陈述句的同意程度。其中"1"代表完全不同意，"5"代表完全同意。请您在填写时注意：①选择时有所侧重，不要一律只选其中一项；②请不要漏选，避免造成问卷无效）

评价标准	完全不同意	不同意	一般	同意	完全同意	
代表选项	1	2	3	4	5	
4.1 与业务关系相关的影响因素						
1. 同行业领导企业产业空间转移到某一地区对贵企业选择产业空间转移路径影响显著	1	2	3	4	5	（ ）
2. 行业协会的引导对贵企业选择产业空间转移路径影响显著	1	2	3	4	5	（ ）
3. 当地台商数量对贵企业选择产业空间转移路径影响显著	1	2	3	4	5	（ ）
4.2 与亲朋关系相关的影响因素						
1. 家人对产业空间转移的看法与态度对贵企业选择产业空间转移路径影响显著	1	2	3	4	5	（ ）
2. 同乡和朋友对产业空间转移的看法与态度对贵企业选择产业空间转移路径影响显著	1	2	3	4	5	（ ）
3. 信任和推崇的人士对产业空间转移的看法与态度对贵企业选择产业空间转移路径影响显著	1	2	3	4	5	（ ）

（续上表）

4. 已经转移到当地的台商目前的发展现状对贵企业选择产业空间转移路径影响显著	1	2	3	4	5	（　　）
4.3　与当地关系相关的影响因素						
1. 异地联姻对贵企业选择产业空间转移路径影响显著	1	2	3	4	5	（　　）
2. 能否融入当地人际圈对贵企业选择产业空间转移路径影响显著	1	2	3	4	5	（　　）

第五部分：了解政策法规对产业空间转移的影响因素在您的考虑中所占权重（请根据您的感觉与理解来评估对下列各陈述句的同意程度。其中"1"代表完全不同意，"5"代表完全同意。请您在填写时注意：①选择时有所侧重，不要一律只选其中一项；②请不要漏选，避免造成问卷无效）

评价标准	完全不同意	不同意	一般	同意	完全同意	
代表选项	1	2	3	4	5	
5.1　与政策法规相关的影响因素						
1. 法律法规（如环保、安全、消防、市场准入等政策）对贵企业选择产业空间转移路径影响显著	1	2	3	4	5	（　　）
2. 土地、税收等政策对贵企业选择产业空间转移路径影响显著	1	2	3	4	5	（　　）
3. 社会保障及最低工资标准对贵企业选择产业空间转移路径影响显著	1	2	3	4	5	（　　）

（续上表）

4. 当地水、电、气等价格优惠政策对贵企业选择产业空间转移路径影响显著	1	2	3	4	5	（　　）
5.2　当地政府服务的影响							
1. 政治稳定和政府态度对贵企业选择产业空间转移路径影响显著	1	2	3	4	5	（　　）
2. 基础设施及公共服务水平对贵企业选择产业空间转移路径影响显著	1	2	3	4	5	（　　）
3. 当地的经济开放程度对贵企业选择产业空间转移路径影响显著	1	2	3	4	5	（　　）
4. 城市宜居程度对贵企业选择产业空间转移路径影响显著	1	2	3	4	5	（　　）

第六部分：开放型问题（可多选）

1. 贵企业曾经转移过的区域（　　　　）。

A. 东南亚（越南、缅甸、新加坡、马来西亚、柬埔寨、老挝、菲律宾、印度）

B. 中国长三角地区

C. 中国珠三角地区

D. 中国福建

E. 中国中西部地区

F. 其他（　　　）

2. 贵企业下一步考虑转移的区域（　　　　）。

A. 东南亚（越南、缅甸、新加坡、马来西亚、柬埔寨、老挝、菲律宾、印度）

B. 中国长三角地区

C. 中国珠三角地区

D. 中国福建

E. 中国中西部地区

F. 其他（　　　）

3. 贵企业认为目前其他国家政策（如越南、柬埔寨等）与我国政策在哪些方面存在不同（　　　）。

A. 产业的扶持及调整程度

B. 法律及市场准入环境

C. 税收优惠

D. 融资贷款便利性

E. 土地价格的高低

F. 员工最低工资标准及社会保障

G. 其他（　　　　）

4. 除了以上影响因素外，贵企业认为还有哪些主要驱动力和主要障碍是影响产业空间转移的因素？

_____

_____

5. 贵企业未来几年的发展目标是什么？

_____

_____

6. 如果可以给政府提意见，最希望政府在哪些方面制定政策来支持贵企业向当地进行产业空间转移？

_____

_____

第七部分：请选择您个人的基本信息

1. 您的性别：□男　□女

2. 您的年龄：□30 岁以下　□30~45 岁　□45~55 岁 □55 岁及以上

3. 您的教育程度：□专科及以下　□大学本科　□硕士研究生及以上

4. 您的工作岗位：□中层管理者　□高层管理者　□董事长

本次研究主要采用便利抽样和判断抽样两种方法进行数据采集，样本采集对象是已经发生过迁移的代工制造类企业（以产业空间转移发生比较频繁的台湾企业为代表）。主要通过电子邮件和联系各地区的台商协会会长等途径将问卷发送给台湾企业，并通过有效问卷调查获取所需数据。问卷调查的时间为 2016 年 5 月至 9 月。向在我国珠三角、长三角、内陆地区及东南亚地区迁移的台湾企业共发放问卷 400 份，回收问卷 357 份，问卷的回收率 89.25%，有效问卷 280 份，回收的有效问卷占总问卷的 70.00%。在正式调研之前，经过预调研和企业高管的访谈对问卷进行修改，初步形成正式的调查问卷，样本的具体特征如下。

4.3.1 样本分析

企业目前所在地的总体分布如表 4-21 所示。在总样本中，东南亚有 12 家企业，占总样本的 4.29%；中国长三角地区有 43 家企业，占总样本的 15.36%；珠三角地区有 192 家企业，占总样本的 68.57%；福建地区有 23 家企业，占总样本的 8.21%；中西部地区有 10 家企业，占总样本的 3.57%。

表 4-21 企业目前所在地的总体分布情况

选项	频次	百分比（%）	累计百分比（%）
A. 东南亚（越南、缅甸、新加坡、马来西亚、柬埔寨、老挝、菲律宾、印度）	12	4.29	4.29
B. 中国长三角地区	43	15.36	19.64
C. 中国珠三角地区	192	68.57	88.21
D. 中国福建地区	23	8.21	96.43
E. 中国中西部地区	10	3.57	100.00

企业下一步考虑转移的区域的总体分布情况如表 4-22 所示。在总样本中，想要转移到东南亚的企业有 45 家，占总样本的 16.07%；想要转移到中国长三角地区的企业有 39 家，占总样本的 13.93%；想要转移到珠三角地区的企业有 82 家，占总样本的 29.29%；想要转移到福建地区的企业有 37 家，占总样本的

13.21%；想要转移到中西部地区的企业有 55 家，占总样本的 19.64%；想要回迁台湾的企业有 22 家，占总样本的 7.86%。

表 4 - 22　企业下一步考虑转移的区域的总体分布情况

选项	频次	百分比（%）	累计百分比（%）
A. 东南亚（越南、缅甸、新加坡、马来西亚、柬埔寨、老挝、菲律宾、印度）	45	16.07	16.07
B. 中国长三角地区	39	13.93	30.00
C. 中国珠三角地区	82	29.29	59.29
D. 中国福建地区	37	13.21	72.50
E. 中国中西部地区	55	19.64	92.14
F. 回迁中国台湾	22	7.86	100.00

企业的生产作业面积的总体分布情况如表 4 - 23 所示。在总样本中，2 000 平方米以下的企业有 46 家，占总样本的 16.43%；2 000 ~ 5 000平方米的企业有 83 家，占总样本的 29.64%；5 000 ~ 10 000 平方米的企业有 81 家，占总样本的 28.93%；10 000 ~ 30 000平方米的企业有 41 家，占总样本的 14.64%；30 000 ~ 50 000 平方米的企业有 18 家，占总样本的 6.43%；50 000 ~ 100 000 平方米的企业有 6 家，占总样本的 2.14%；100 000 平方米及以上的企业有 5 家，占总样本的 1.79%。

表 4 - 23　企业的生产作业面积的总体分布情况

选项	频次	百分比（%）	累计百分比（%）
A. 2 000 平方米以下	46	16.43	16.43
B. 2 000～5 000 平方米	83	29.64	46.07
C. 5 000～10 000 平方米	81	28.93	75.00
D. 10 000～30 000 平方米	41	14.64	89.64
E. 30 000～50 000 平方米	18	6.43	96.07
F. 50 000～100 000 平方米	6	2.14	98.21
G. 100 000 平方米及以上	5	1.79	100.00

企业的从业人员数量的总体分布情况如表 4 - 24 所示。在总样本中，50 人以下的企业有 81 家，占总样本的 28.93%；50～100 人的企业有 76 家，占总样本的 27.14%；100～300 人的企业有 71 家，占总样本的 25.36%；300～500 人的企业有 30 家，占总样本的 10.71%；500～1 000 人的企业有 11 家，占总样本的 3.93%；1 000～3 000 人的企业有 5 家，占总样本的 1.79%；3 000～5 000 人的企业有 4 家，占总样本的 1.43%；5 000 人及以上的企业有 2 家，占总样本的 0.71%。

表 4 - 24　企业的从业人员数量的总体分布情况

选项	频次	百分比（%）	累计百分比（%）
A. 50 人以下	81	28.93	28.93
B. 50～100 人	76	27.14	56.07
C. 100～300 人	71	25.36	81.43

（续上表）

选项	频次	百分比 （%）	累计百分比 （%）
D. 300 ~ 500 人	30	10. 71	92. 14
E. 500 ~ 1 000 人	11	3. 93	96. 07
F. 1 000 ~ 3 000 人	5	1. 79	97. 86
G. 3 000 ~ 5 000 人	4	1. 43	99. 29
H. 5 000 人及以上	2	0. 71	100. 00

企业的营业收入的总体分布情况如表 4 – 25 所示。在总样本中，500 万元以下的企业有 52 家，占总样本的 18.57%；500 万 ~ 1 000万元的企业有 83 家，占总样本的29.64%；1 000 万 ~ 3 000 万元的企业有 85 家，占总样本的30.36%；3 000 万 ~ 5 000 万元的企业有 23 家，占总样本的 8.21%；5 000 万 ~ 1 亿元的企业有 22 家，占总样本的 7.86%；1 亿 ~ 3 亿元的企业有 7 家，占总样本的2.50%；3 亿 ~ 5 亿元的企业有 3 家，占总样本的 1.07%；5 亿 ~ 10亿元的企业有 1 家，占总样本的0.36%；10 亿元及以上的企业有 4家，占总样本的 1.43%。

表 4 – 25　企业的营业收入（折合成人民币）的总体分布情况

选项	频次	百分比 （%）	累计百分比 （%）
A. 500 万元以下	52	18. 57	18. 57
B. 500 万 ~ 1 000 万元	83	29. 64	48. 21%
C. 1 000 万 ~ 3 000 万元	85	30. 36	78. 57
D. 3 000 万 ~ 5 000 万元	23	8. 21	86. 79

（续上表）

选项	频次	百分比 （%）	累计百分比 （%）
E. 5 000 万元~1 亿元	22	7.86	94.64
F. 1 亿~3 亿元	7	2.50	97.14
G. 3 亿~5 亿元	3	1.07	98.21
H. 5 亿~10 亿元	1	0.36	98.57
I. 10 亿元及以上	4	1.43	100.00

填写者年龄的总体分布情况如表 4-26 所示。在总样本中，填写者年龄在 30 岁以下的有 14 人，占总样本的 5.00%；填写者年龄在 30~45 岁的有 130 人，占总样本的 46.43%；填写者年龄在 45~55 岁的有 97 人，占总样本的 34.64%；55 岁及以上的有 39 人，占总样本的 13.93%。

表 4-26 填写者年龄的总体分布情况

选项	频次	百分比 （%）	累计百分比 （%）
A. 30 岁以下	14	5.00	5.00
B. 30~45 岁	130	46.43	51.43
C. 45~55 岁	97	34.64	86.07
D. 55 岁及以上	39	13.93	100.00

填写者受教育程度的总体分布情况如表 4-27 所示。在总样本中，填写者受教育程度是专科及以下的有 64 人，占总样本的 22.86%；填写者受教育程度是大学本科的有 181 人，占总样本的

64.64%；填写者受教育程度是硕士研究生及以上的有 35 人，占总样本的 12.50%。

表 4 - 27　填写者受教育程度的总体分布情况

选项	频次	百分比 （%）	累计百分比 （%）
A. 专科及以下	64	22.86	22.86
B. 大学本科	181	64.64	87.50
C. 硕士研究生及以上	35	12.50	100.00

填写者工作岗位的总体分布情况如表 4 - 28 所示。在总样本中，填写者是中层管理者的有 48 人，占总样本的 17.14%；填写者是高层管理者的有 164 人，占总样本的 58.57%；填写者是董事长的有 68 人，占总样本的 24.29%。

表 4 - 28　填写者工作岗位的总体分布情况

选项	频次	百分比 （%）	累计百分比 （%）
A. 中层管理者	48	17.14	17.14
B. 高层管理者	164	58.57	75.71
C. 董事长	68	24.29	100.00

企业成立年限的总体分布情况如表 4 - 29 所示。在总样本中，成立 3 年以下的企业有 33 家，占总样本的 11.79%；成立 3~5 年的企业有 74 家，占总样本的 26.43%；成立 5~8 年的企

业有 88 家，占总样本的 31.43%；成立 8 年及以上的企业有 85 家，占总样本的 30.36%。

表 4 - 29　企业成立年限的总体分布情况

选项	频次	百分比（%）	累计百分比（%）
A. 3 年以下	33	11.79	11.79
B. 3 ~ 5 年	74	26.43	38.21
C. 5 ~ 8 年	88	31.43	69.64
D. 8 年及以上	85	30.36	100.00

4.3.2　正式调研问卷信度分析

对正式调研问卷进行信度分析，即分析各个量表的稳定性、内在一致性。企业转移因素信度分析如表 4 - 30 所示。

表 4 - 30　企业转移因素信度分析

可靠性统计量	
Cronbach's Alpha	项数
0.881	14

企业转移绩效信度分析、社会关系网络信度分析和政府服务与政策信度分析如表 4 - 31、表 4 - 32 和表 4 - 33 所示。

表 4 – 31　企业转移绩效信度分析

可靠性统计量	
Cronbach's Alpha	项数
0. 893	13

表 4 – 32　社会关系网络信度分析

可靠性统计量	
Cronbach's Alpha	项数
0. 907	13

表 4 – 33　政府服务与政策信度分析

可靠性统计量	
Cronbach's Alpha	项数
0. 863	8

从以上各表可知，信度水平均达到 0.8 以上，高于基本的判断标准 0.7，说明这四个量表都是合理的。

4.3.3　探索性因素分析

（1）企业转移因素量表探索性因素分析。

KMO 和 Bartlett 的检验结果如表 4 – 34 所示。

表 4 - 34   *KMO* 和 Bartlett 的检验结果

取样足够度的 *KMO* 度量		0.638
Bartlett 的球形度检验	近似卡方	610.944
	df	136.000
	卡方/*df*	4.490
	Sig.	0.000

对企业转移因素进行探索性因素分析，*KMO* 值低于最低标准
0.7，可知企业转移因素的题项不适合做因素分析，删除题项
221、231、244，对剩余题项继续进行探索性因素分析，结果如
表 4 - 35 所示。

表 4 - 35   *KMO* 和 Bartlett 的检验结果

取样足够度的 *KMO* 度量		0.707
Bartlett 的球形度检验	近似卡方	397.320
	df	91.000
	卡方/*df*	4.370
	Sig.	0.000

对企业转移因素进行探索性因素分析得出，*KMO* 值为
0.707，高于 0.7，Bartlett 的球形度检验的相伴概率（*Sig.*）为
0，表明这些数据可以进行探索性因素分析，即所有企业转移因
素的题项可以做探索性因素分析，如表 4 - 36 所示。

表 4 - 36　主成分因素分析表

变量	题项	1	2	3	4
社会环境	当地居民的主要语言、文化背景和受教育程度 211	0.444	-0.022	0.400	0.496
	当地的工作习惯 212	0.369	0.015	0.822	-0.196
	当地居民的接纳态度 213	0.586	0.047	0.197	0.462
经济发展	贵企业外部成本 221	0.375	0.234	0.175	-0.438
	贵企业资本流动 222	0.735	-0.203	0.004	0.098
	市场需求 223	0.483	-0.664	-0.028	0.260
	产业集聚 224	0.854	-0.163	-0.198	0.043
技术转化	台湾与当地的技术差距 231	0.378	0.533	-0.560	0.214
	当地工业化 232	0.734	0.552	0.029	0.109
	当地技术转移能力 233	0.584	0.715	0.053	0.036
资源禀赋	当地气候环境 241	0.688	-0.231	-0.410	-0.264
	当地自然条件 242	0.861	-0.324	-0.131	-0.035
	当地原材料资源 243	0.790	0.017	0.109	-0.359
	当地的地貌特征 244	0.798	-0.129	-0.018	-0.218

（2）企业转移绩效量表探索性因素分析。

KMO 和 Bartlett 的检验结果如表 4 - 37 所示。

表 4 - 37　KMO 和 Bartlett 的检验结果

取样足够度的 KMO 度量		0.751
Bartlett 的球形度检验	近似卡方	287.451
	df	78.000
	卡方/df	3.680
	Sig.	0.000

分析结果中，*KMO* 值达到 0.751，表明企业转移绩效题项可以进行探索性因素分析，且因素分析提取的公因子和量表的结构吻合，证明题项通过了效度检验。对企业转移绩效进行因素分析得出，*KMO* 值为 0.751，高于 0.7，Bartlett 的球形度检验的相伴概率为 0，表明这些数据可以进行探索性因素分析，即企业转移绩效的所有题项可以做因素分析，结果如表 4 - 38 所示。

表 4 - 38　主成分因素分析表

变量	题项	1	2	3	4
企业利润	降低运营成本，增加销售额 311	0.042	0.940	0.056	0.070
	提高投入产出效率 312	0.465	0.776	0.239	- 0.164
	扩大生产规模 313	0.523	0.646	0.280	- 0.335
家族传承	核心要素的传承和创新 341	0.859	- 0.322	0.085	0.035
	未来管理权和所有权的传递与融合 342	0.824	- 0.374	0.189	- 0.290
	培养后代独立创业精神 343	0.744	- 0.406	0.340	- 0.067
	降低传承风险和失败率 344	0.757	- 0.456	0.394	0.064

（3）社会关系网络量表探索性因素分析。

KMO 和 Bartlett 的检验结果如表 4 - 39 所示。

表4-39　KMO 和 Bartlett 的检验结果

取样足够度的 KMO 度量		0.791
Bartlett 的球形度检验	近似卡方	176.729
	df	78.000
	卡方/df	2.260
	Sig.	0.000

分析结果中，KMO 值为 0.791，高于 0.7，表明这些数据可以进行探索性因素分析，分析结果如表4-40 所示。

表4-40　主成分因素分析表

变量	题项	1	2	3
业务关系	同行业领导企业转移411	0.628	0.618	-0.049
	同行业类似企业转移并获得成功412	0.651	0.626	-0.075
	同行业上下游企业转移413	0.460	0.385	0.447
	行业协会的引导414	0.734	0.026	0.297
	当地台商数量415	0.745	0.286	-0.101
亲朋关系	家人的看法与态度421	0.780	-0.147	-0.425
	同乡和朋友的看法与态度422	0.794	-0.038	-0.483
	信任和推崇人士的看法与态度423	0.801	0.077	-0.251
	已经转移到当地的台商目前的发展现状424	0.791	-0.171	0.368

（4）政府服务与政策量表探索性因素分析。

KMO 和 Bartlett 的检验结果如表4-41 所示。

表 4 - 41　*KMO* 和 Bartlett 的检验结果

取样足够度的 *KMO* 度量		0.835
Bartlett 的球形度检验	近似卡方	120.955
	df	36.000
	卡方/*df*	3.360
	Sig.	0.000

分析结果中，*KMO* 值为 0.835，且 Bartlett 的球形度检验的伴随概率为 0，说明题项适合做因素分析，分析结果如表 4 - 42 所示。

表 4 - 42　主成分因素分析表

变量	题项	1	2
政策支持	法律法规 511	0.875	- 0.087
	土地、税收等政策 512	0.873	- 0.131
	金融和补贴政策 513	0.784	- 0.202
	社会保障及最低工资标准 514	0.650	- 0.079
	当地水、电、气等价格优惠政策 515	0.803	- 0.177
政府服务	政治稳定和政府态度 521	0.771	- 0.098
	基础设施及公共服务水平 522	0.683	0.196
	当地的经济开放程度 523	0.277	0.372
	城市宜居程度 524	0.366	0.740

题项 523 的探索性因素负荷过低，故删除题项 523，再次进行分析，结果如表 4 - 43 所示。

表 4 - 43　剩余题项的 *KMO* 和 Bartlett 的检验结果

取样足够度的 *KMO* 度量		0.861
Bartlett 的球形度检验	近似卡方	95.969
	df	28.000
	卡方/*df*	3.430
	Sig.	0.000

分析结果中，*KMO* 值为 0.861，且 Bartlett 的球形度检验的相伴概率为 0，说明题项适合做因素分析，分析结果如表 4 - 44 所示。

表 4 - 44　剩余题项的主成分因素分析表

变量	题项	1	2
政府服务	政治稳定和政府态度 521	0.775	0.005
	基础设施及公共服务水平 522	0.677	0.267
	城市宜居程度 524	0.342	0.899
政策支持	法律法规 511	0.881	0.028
	土地、税收等政策 512	0.873	- 0.187
	金融和补贴政策 513	0.794	- 0.090
	社会保障及最低工资标准 514	0.652	- 0.153
	当地水、电、气等价格优惠政策 515	0.807	- 0.226

4.3.4　结构方程模型

（1）企业转移因素量表验证性因素分析。

①模型设定。

企业转移因素量表由四个潜变量构成，经过预试并进行处理以后，与社会环境有关的潜变量有 3 个观测值，与经济发展有关的潜变量有 2 个观测值，与技术转化有关的潜变量有 3 个观测值，与资源禀赋有关的潜变量有 4 个观测值。观测值与潜变量关系的模型分析，即企业转移因素量表路径标准系数，如图 4 - 1 所示。

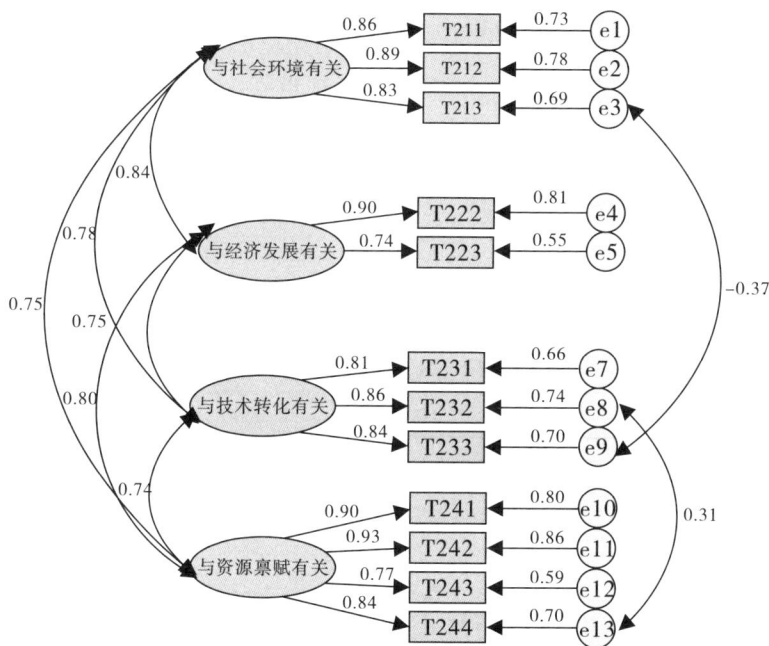

图 4 - 1　企业转移因素量表路径标准系数

②模型的识别。

从上图可以看出，各个观测值对潜变量的信度分析值在 0.5 以上，表明模型信度良好，内在质量稳定。根据 t 检验原则可以知道，本量表的验证性因素分析模型共有 12 个测量指标，因素存在 $Q(Q+1)/2 = 78$，而模型要估计 12 个因素负荷、12 个测量指标的误差方差和 6 个因素间产生的相关系数，故需要估计的参数为 30 个，$t = 30.78$，这充分符合模型进行识别的必要条件。

③模型的评价。

本部分主要讨论模型的拟合优度，具体情况如表 4 – 45 所示。从绝对拟合指标来看，卡方自由度之比为 3.426，处于理想的范围之内，说明测量模型与样本数据的协方差矩阵之间差异显著；绝对拟合指标 $GFI = 0.914$，大于理想值 0.9；RMR 大于 0 远小于 0.05；相对拟合优度指数 $CFI = 0.959$，大于理想值 0.9。以上指标说明模型拟合较好，具有良好的构建效度。

表 4 – 45　各统计检验指标值的结果

指标	GFI	CFI	RMR	卡方自由度之比
适配指数	0.914	0.959	0.035	3.426

（2）企业转移绩效量表验证性因素分析。

①模型设定。

企业转移绩效量表由四个潜变量构成，经过预试并进行处理以后，与企业利润有关的潜变量有 3 个观测值，与提高品牌效应有关的潜变量有 2 个观测值，与提升社会价值有关的潜变量有 4 个观测值，与家族传承有关的潜变量有 4 个观测值。观测值与潜变量关系的模型分析，即企业转移绩效量表路径标准系数，如图 4 – 2 所示。

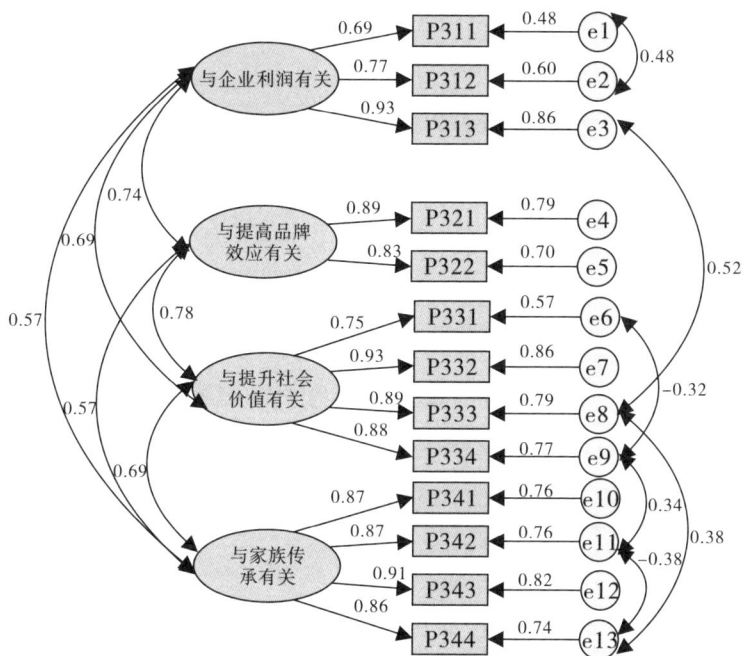

图 4 - 2　企业转移绩效量表路径标准系数

②模型的识别。

从上图可以看出，各个观测值对潜变量的信度分析值在 0.5 以上，表明模型的信度良好，内在质量稳定。根据 t 检验原则可以知道，本量表的验证性因素分析模型共有 13 个测量指标，因素存在 $Q(Q+1)/2 = 91$，而模型要估计 13 个因素负荷、13 个测量指标的误差方差和 6 个因素间产生的相关系数，故需要估计的参数为 32 个，$t = 32.91$，这充分符合模型进行识别的必要条件。

③模型的评价。

本部分主要讨论模型的拟合优度，具体情况如表4-46所示。从绝对拟合指标来看，卡方自由度之比为3.744，处于理想的范围之内，说明测量模型与样本数据的协方差矩阵之间差异显著；绝对拟合指标 $GFI=0.906$，大于理想值0.9；RMR 大于0远小于0.05；相对拟合优度指数 $CFI=0.954$，大于理想值0.9。以上指标说明模型拟合较好，具有良好的构建效度。

表4-46　各统计检验指标值的结果

指标	GFI	CFI	RMR	卡方自由度之比
适配指数	0.906	0.954	0.033	3.744

（3）社会关系网络量表验证性因素分析。

①模型设定。

社会关系网络量表由三个潜变量构成，经过预试并进行处理以后，与业务关系有关的潜变量有3个观测值，与亲朋关系有关的潜变量有4个观测值，与当地关系有关的潜变量有3个观测值。观测值与潜变量关系的模型分析，即社会关系网络量表路径标准系数，如图4-3所示。

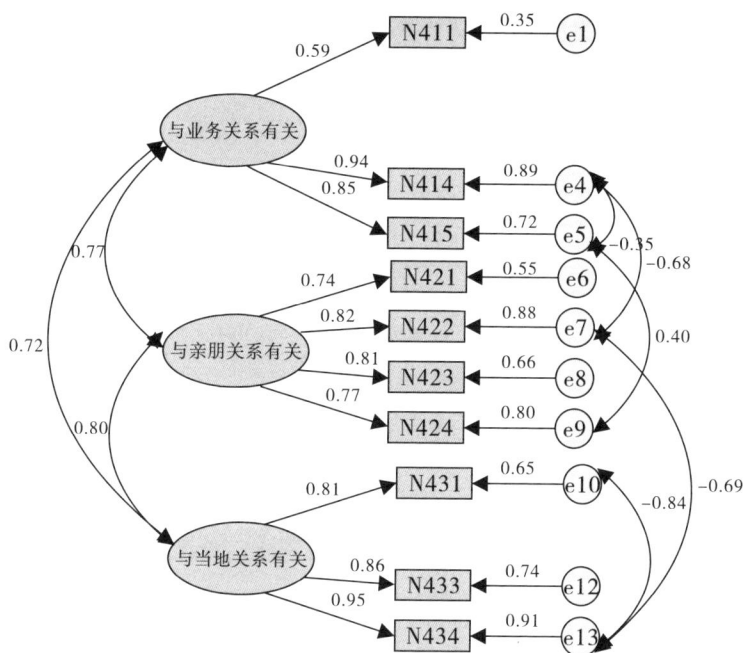

图 4 – 3　社会关系网络量表路径标准系数

②模型的识别。

根据 t 检验原则可以知道，本量表的验证性因素分析模型共有 10 个测量指标，因素存在 $Q(Q+1)/2 = 55$ ，而模型要估计 10 个因素负荷、10 个测量指标的误差方差和 3 个因素间产生的相关系数，故需要估计的参数为 23 个，$t = 23.55$ ，这充分符合模型进行识别的必要条件。

③模型的评价。

本部分主要讨论模型的拟合优度，具体情况如表 4 – 47 所示。从绝对拟合指标来看，卡方自由度之比为 4.540，处于理想的范围之内，说明测量模型与样本数据的协方差矩阵之间差异显著；绝对拟合指标 $GFI=0.920$，大于理想值 0.9；RMR 大于 0 远小于 0.05；相对拟合优度指数 $CFI=0.951$，大于理想值 0.9。以上指标说明模型拟合较好，具有良好的构建效度。

表 4 - 47　各统计检验指标值的结果

指标	GFI	CFI	RMR	卡方自由度比
适配指数	0.920	0.951	0.041	4.540

（4）政府服务与政策量表验证性因素分析。

①模型设定。

政府服务与政策量表由两个潜变量构成，经过预试并进行处理以后，与政策支持有关的潜变量有 4 个观测值，与政府服务有关的潜变量有 3 个观测值。观测值与潜变量关系的模型分析，即政府服务与政策量表路径标准系数，如图 4 - 4 所示。

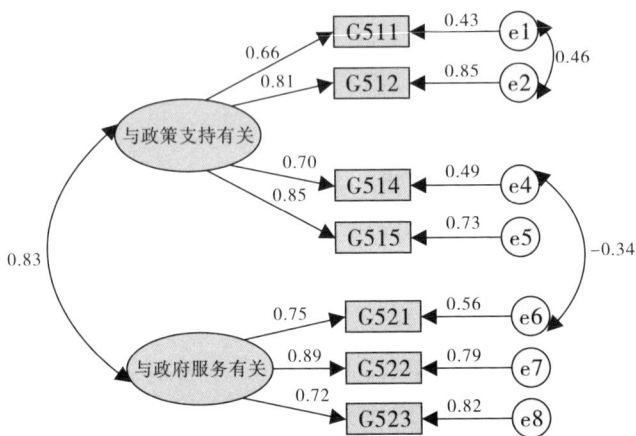

图 4 - 4　政府服务与政策量表路径标准系数

②模型的识别。

由上图可以看出，各个观测值对潜在变量的信度分析值在 0.4 以上，表明量表的信度良好，内在质量稳定。根据 t 检验原则可以知道，本模型的验证性因素分析模型共有 7 个测量指标，因素存在 $Q(Q+1)/2 = 28$ ，而模型要估计 7 个因素负荷、7 个测量指标的误差方差和 1 个因素间产生的相关系数，故需要估计的参数有 14 个，$t = 14.28$ ，这充分符合模型进行识别的必要条件。

③模型的评价。

本部分主要讨论模型的拟合优度，具体情况如表 4 – 48 所示。从绝对拟合指标来看，卡方自由度之比为 4.760，处于理想的范围之内，说明测量模型与样本数据的协方差矩阵之间差异显著；绝对拟合指标 $GFI = 0.950$ ，大于理想值 0.9；RMR 大于 0 远小于 0.05；相对拟合优度指数 $CFI = 0.963$ ，大于理想值 0.9。以上指标说明模型拟合较好，具有良好的构建效度。

表 4 –48 各统计检验指标值的结果

指标	GFI	CFI	RMR	卡方自由度之比
适配指数	0.950	0.963	0.023	4.760

4.3.5 产业空间转移模型最终量表

本次调研的代表企业位于我国珠三角地区、长三角地区及东南亚（越南、缅甸、新加坡、马来西亚、柬埔寨、老挝、菲律宾、印度），访谈的内容主要包括社会环境、经济发展、技术转化、当地资源和政策法规等，其中收回的有效问卷有 280 份。

（1）自变量：企业转移因素。

（2）调节变量 1：社会关系网络。

（3）调节变量 2：政府服务与政策。

（4）因变量：企业转移绩效。

表 4-49　影响因素维度表

因素	维度	量表题项	对应问卷题号
企业转移因素（自变量）	技术转化	TT1	231
		TT2	232
		TT3	233
	社会环境	SE1	211
		SE2	212
		SE3	213
	资源禀赋	RE1	241
		RE2	242
		RE3	243
		RE4	244
	经济发展	ED1	221
		ED2	222
		ED3	223
		ED4	224

（续上表）

因素	维度	量表题项	对应问卷题号
企业转移绩效 （因变量）	企业利润	CP1	321
		CP2	322
	家族传承	FI1	341
		FI2	342
		FI3	343
		FI4	344
社会关系网络 （调节变量）	业务关系	BR1	411
		BR2	412
		BR3	413
		BR4	414
		BR5	415
	亲朋关系	RF1	421
		RF2	422
		RF3	423
		RF4	424
政府服务与政策 （调节变量）	政策支持	PS1	511
		PS2	512
		PS3	513
		PS4	514
	政府服务	GS1	521
		GS2	522
		GS3	523
		GS4	524

4.4 实证研究结果分析

本次研究为了提高正式问卷的有效性和可靠性，首先在广州市花都区和广东省东莞市发放了 120 份问卷。对回收上来的 98 份有效问卷的数据进行探索性因素分析，并剔除了不能真实反映所研究内容的题项。问卷调查针对的对象主要是中国珠三角、长三角、内陆地区及东南亚地区的代工制造类企业。严谨和大规模的数据收集为问卷的有效性提供了保证。采用 α 系数信度对正式问卷进行分析，结果理想，表明问卷具有良好的信度。采用建构效度对产业空间转移影响因素进行效度分析，结果理想，表明问卷具有良好的效度。通过结构方程软件对模型进行了验证分析，各项拟合指标均符合要求，表明该模型是一个比较理想的模型。

地理邻近型网络对台商产业空间转移有正向影响。新古典区位理论认为参与产业空间转移的企业都是理性主体，是追求利润的机器，因此一切会提高利润的方法企业都会采纳。较低的附加值、低廉的成本是亚洲代工制造类企业取得利润的方法。我国是一个人口大国，20 世纪 90 年代以前，低廉且有一定素质的劳动力成为吸引代工制造类企业来中国设厂的主要因素。作为当时"亚洲四小龙"的台湾，技术发展较快，先进的技术和新奇的产品迅速打开了大陆市场，这使其业务量增长迅速，从而促使更多台商转移，形成产业集聚现象，而产业的集聚有利于知识的外溢以及供应链之间的合作，从而形成了良性的循环。我国国土面积辽阔，多元的气候可以满足企业生产对于气候的选择。比如生产水银的企业大多聚集在东北地区，因为该地区可以大大降低水银的存储费用。因此，中国巨大的市场潜力、较低的劳动力成本和多元化气候等成为拉动产业空间转移的动力。

组织邻近型网络对台商产业空间转移有正向影响。决策行为理论认为做出产业空间转移决策的个人不仅仅是为了利润而生的"理性经济人"，其更多的是由于内在因素，比如亲情、友情、爱情等。台湾与大陆有着非比寻常的关系，可用一母同胞来形容。很多台商与大陆有斩不断的血缘关系，回到大陆开厂也有衣锦还乡的感觉。在实证结果中也证实，乡土情怀、血缘和亲缘关系对台商选择产业空间转移有着很大的影响。也由于台湾文化与大陆文化并没有相差很多，所以隔阂感进一步缩小。作为代工制造类企业，如果制造技术能够提高生产效率，那么就会为企业带来更多的利润。一个地区的高等院校和研究院越多，则可以形成产学研的园地，加快技术的实施和应用以及项目的落地，提高了企业的生产技术，扩大了生产规模，在边际报酬递增的影响作用下，整个产业的利润会进一步增加。因此很多台湾代工制造类企业愿意把企业设在高等院校和研究所较多的地区。

地理邻近型网络和组织邻近型网络对于产业空间转移的直接影响，都需要有政府的支持，政府支持的力度则决定了直接效应的作用。在我国改革开放的初期，为了引进外商投资设厂和国外领先技术，政府采取优惠的金融政策，比如较低的融资贷款利率，为台商进一步扩大生产融资提供了便利。

代工制造类企业集聚在某个地区，一旦早期的区位优势形成以后，通过前向和后向关联，可产生显著的积累效应。由于在特定环境中企业建立起别人难以模仿的知识、惯例和能力，形成路径依赖。产业空间转移是一个社会的网络效应，凝聚力会越来越强。企业实施投资战略的结果往往是企业选择了产业空间转移，这也是企业与供货商、政府部门、工会等组织在价格、工资、税收、补贴、基础设施等关键要素方面进行谈判的结果。

5 产业空间转移的系统动力学分析

5.1 系统动力学模型概述

系统动力学（System Dynamic，SD）是由美国麻省理工学院 Forrester 教授创建的一个分析和研究信息回馈系统的方法。系统动力学基于系统论，吸收了控制论和信息论的精髓，统一了结构方法、功能方法和历史方法。通过对方案的模拟，研究了社会经济系统的结构功能与动态行为之间的内在联系，解决了非线性和多重回馈的复杂性。系统动力学可以分析变化系统随时间的演变过程，因此，系统动力学的时变特征被称为"战略和决策实验室"，它特别适用于分析非线性复杂系统，如社会、经济、生态和生物问题。具体而言，采用系统动力学建立模型需要进行如下工作，如表 5-1 所示。

表 5-1　系统动力学的工作内容

	步骤	描述
第一步	系统结构分析	理解系统元素之间的关系和相互作用，并定义系统的边界。这一步骤需要综合运用各种研究方法，从宏观的角度把握制度的行为特征和结构细节
第二步	因果关系图分析	分析系统要素之间的因果关系，并用因果链描述各因素之间的逻辑关系，系统的正/负反馈回路可以反映系统状态与决策步骤之间的相互作用

（续上表）

	步骤	描述
第三步	建立系统流图	进一步描述了系统的逻辑结构。将模型元素划分为库存、流量和辅助变量，以正确反映其属性，区分物流和信息流，并使系统具有回馈控制规则，具有非常标准化的符号系统
第四步	构造变数方程	逐个构造系统的变量，变量之间的关系被量化，系统动力学方程的实质是微分方程的微分处理。一方面，变量之间的关系用数学形式来描述。另一方面，描述了系统状态之间的递归关系，以便于计算机仿真分析
第五步	计算机仿真检验	将上述流程图和方程输入计算机仿真平台进行模拟、调试和检验。在此基础上，通过调整模型中控制变量的参数，可以研究系统的行为，并对每个变量的控制效果进行测试。在完成这些步骤之后，建立目标系统的系统动力学模型，并根据研究目的对不同的策略方案进行模拟，并提出改进建议

　　系统动力学是一门对信息回馈系统进行分析和研究的学科，也是一门认识系统问题和解决系统问题的交叉综合学科，具有交叉性和综合性的特点。

　　系统动力学方法集中于系统内的微观结构。在对系统结构、参数和因果关系进行理解的基础上，分析了系统的动态变化及其回馈特性。它强调系统的整体观和制度观，整合运动与联系的发展。罗伯茨（1956）提出了两个重要的系统动力学观点：一是组织的结构决定了组织的行为，这些组织结构不仅包括组织的物理结构，而且包括规则和影响组织决策的因素；二是组织是一个系统，分析组织的重点不在于组织内的独立功能，而在于组织内的潜在"流动"，如人员流动、信息流动、资金流动、设备流动等，这些流动的综合结果导致组织结构的演化。

二十世纪八九十年代，杨通怡和王其番将系统动力学引入中国。由于系统动力学在复杂非线性系统研究中具有无可比拟的优点，国内学者将系统动力学应用于社会、经济、商业、城市建设，甚至生物、医疗、环境保护等领域。

5.2　国内外研究现状

Sang Hyun Lee（2006）等人介绍了系统的动态规划（Dynamic Programming Method，DPM）和控制方法，并提出了一种将系统动力学和基于网络的工具结合起来的新的建模框架。侯剑（2010）分析了港口经济可持续发展的动力机制，建立了港口经济可持续发展的系统动力学模型，并分析了模拟结果。刘静华等（2011）分析了港口经济的发展，并深入创建了系统动力学的三阶顶点功率回馈图。胡斌和张德斌（2006）从系统动力学的角度研究了不同因素对企业生命周期变化的影响，在分析企业成长过程和主要影响因素的基础上，建立了SD模型，有效地模拟了企业生命周期的演化过程，为企业的组织和管理提供了决策支持。Romam Gumzej 和 Ramríez 等（2011）运用系统动力学软件，建立了汽车工业的系统动力学仿真模型，通过计算机仿真的方式寻求优化改进供应链的途径。

Christian，Golroudbary 和 Georgiadis（2012）以多环节构成的循环供应链为研究对象，采用系统动力学方法研究废物回收循环利用对于供应链可持续发展的有利影响。李旭（2011）利用系统动力学的方法研究二级供应链系统的最优库存控制策略，通过调整各种政策影响因素以寻求服务质量和库存成本的最优，分析结果发现采用指数平滑法的库存补充策略有利于供应链的整体协调和优化。赖新峰（2008）研究了不同营销策略对于供应链订单数量的影响，建立了受广告、促销和新产品引入等不同策略影响下的系统动力学模型，并进行了对比仿真分析。考虑到连锁零售企业存在的需求、订货提前期和订货量不确定性的特征，赵川等（2009）用系统动力学的方法构建了多级供应链模型，通过仿真分析结果确定了最优的库存调节时间、需求计划量和安全库存等，以达到降低安全库存、增强库存稳定性的目的。李卓群等（2009）利用系统动力学的方法研究了 JIT（Just in Time，零库存）供货约束条件下，不同的订货决策行为对于需求方、制造商、供货商以及整个供应链系统的影响。廖诺（2011）在研究中通过降低研究的难度选取了由两个环节组成的供应链，研究了产能和分配方式的约束对于供应链信息共享行为的影响。

因果图是反映自变量和因变量之间因果关系的示意图，通过因果关系分析，表达出变量之间的交互作用及其本质。可以通过正号和负号的形式来表达正负两种影响关系，正号表示结果在同一方向上的变化，负号表示结果在反方向上的变化。因果图是一种广泛使用的认知映射工具，直观地显示了逻辑关系，但是因果图也存在一定的局限性。这种局限性主要体现在因果图虽然可以描述回馈结构，但是不能区分不同性质的变量，不能表达状态变量的积累。为了弥补这些缺点，可以引入流图。从因果图到流图，系统表征发生了质的变化，流图是定量分析的有力工具。系统动力学流图克服了因果图的一些缺陷，如状态变量的积累，但是不能完全用图形表示问题。描述系统问题的系统动力学最终用于建立定量分析的仿真模型，流图为建立系统动力学的定量模型奠定了基础，数学方程也可以进行进一步的澄清，所有的定量关系必须能够清晰完全地表示，否则系统动力学模型是不完整的，更谈不上由计算机进行模拟。

5.3　系统动力学模型建立思路

本书基于系统动力学理论，分析了亚洲代工制造类企业产业空间转移影响因素之间的因果关系，构建了产业空间转移的体系。产业空间转移是在大规模企业迁移的背景下发生的，企业或相关配套企业在同行业中的大规模迁移称为产业空间转移。因此，企业迁移是产业空间转移的微观基础。本书从企业迁移的微观现象入手，找出其中的产业空间转移规律，发掘出深层次迁入与迁出的原因，以此作为亚洲代工制造类企业产业空间转移路径的研究基础。本书还以台商为重点研究对象，并将台商数目作为主要分析数据，进而找出产业空间转移的影响因素，更有针对性地提出增强台商产业空间转移动力的相关政策和建议。

在前面的实证分析中，本书得出影响企业产业空间转移的因素包括动因因素（劳动力、生产技术、资本、经济发展、资源禀赋）、社会关系网络因素（台商企业认知、行业协会引导、相关人士支持台商程度、文化差异、台商家庭）、政策因素（财政收入、基础设施与产业配套能力、政策优惠）。实证分析是静态的统计分析，运用系统动力学原理构建台商产业空间转移，观察整个阶段并模拟动态分析，最后整合动态与静态情况进行分析和研究。首先，以产业空间转移的路径规则为目标，对台商的转移动因做出了合理假设。其次，根据研究建立的概念模型，构建台商产业空间转移的因果图，并通过实证分析进行因果分析，建立了一个商业业态。最后，根据系统动力学流图中变量的时间关系，建立合理的系统动力学方程，进行产业空间转移的系统仿真，分析产业空间转移的动态因素，总结影响代工制造类企业产业空间转移的因素，并建立引力模型。该研究为产业空间转移决策和政府制定产业政策提供科学的理论依据。

5.4 系统动力学模型构建

5.4.1 基本假设

本书在建立台商产业转移系统动力学模型时，充分考虑到现实情况，做出以下合理的假设：

假设1：当地接纳台商存在多方面的限制，鉴于实际存在的拥挤成本、环保要求和当地的政策，转入的企业数量受多种因素影响，在模型中只分析主要因素对台商迁移数量的影响，环境污染的影响在资源消耗中体现。

假设2：台湾工业产值增长率是影响企业迁移的重要因素。台湾工业产值增长率越大，企业进入的速度就越快。当台湾工业产值增长率为负时，将制约企业的发展，甚至导致企业的转移。

5.4.2 动力因素与台商数目的因果分析图

在产业空间转移的过程中，台商数目受资源禀赋、劳动力、技术和环境等各个因素影响。对相互联系的因素进行因果关系构建，在已经得到的台商产业空间转移概念的基础上，将台商转移系统分为动因因素与台商数目子系统、社会关系网络因素与台商数目子系统、政策因素与台商数目子系统。

（1）动因因素与台商数目子系统因果关系分析。

动因因素与台商数目子系统因果关系如图 5 - 1 所示。

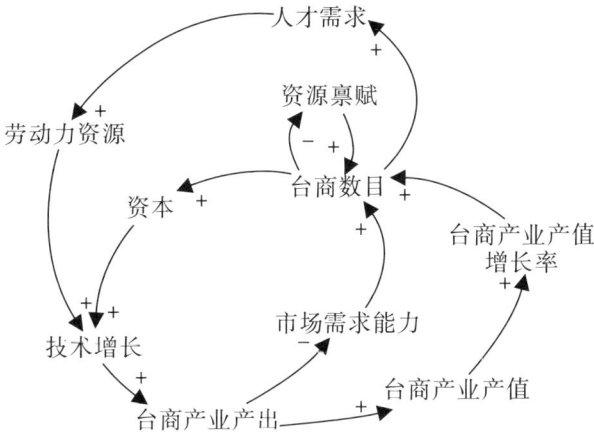

图 5 - 1　动因因素与台商数目子系统因果关系

主要的回馈关系：

Loop Number 1 of length 5

台商数目 $\xrightarrow{+}$ 资本 $\xrightarrow{+}$ 技术增长 $\xrightarrow{+}$ 台商产业产出 $\xrightarrow{+}$ 台商产业产值 $\xrightarrow{+}$ 台商产业产值增长率 $\xrightarrow{+}$ 台商数目

Loop Number 2 of length 4

台商数目 $\xrightarrow{+}$ 资本 $\xrightarrow{+}$ 技术增长 $\xrightarrow{+}$ 台商产业产出 $\xrightarrow{-}$ 市场需求能力 $\xrightarrow{+}$ 台商数目

Loop Number 3 of length 6

台商数目 $\xrightarrow{+}$ 人才需求 $\xrightarrow{+}$ 劳动力资源 $\xrightarrow{+}$ 技术增长 $\xrightarrow{+}$

台商产业产出 $\xrightarrow{+}$ 台商产业产值 $\xrightarrow{+}$ 台商产业产值增长率 $\xrightarrow{+}$

台商数目

Loop Number 4 of length 5

台商数目 $\xrightarrow{+}$ 人才需求 $\xrightarrow{+}$ 劳动力资源 $\xrightarrow{+}$ 技术增长 $\xrightarrow{+}$

台商产业产出 $\xrightarrow{-}$ 市场需求能力 $\xrightarrow{+}$ 台商数目

Loop Number 6 of length 1

资源禀赋 $\xrightarrow{+}$ 台商数目

Loop Number 7 of length 1

台商数目 $\xrightarrow{-}$ 资源禀赋

正反馈回路一：台商数目、资本、技术增长、台商产业产出、台商产业产值、台商产业产值增长率、台商数目。

正反馈回路二：台商数目、人才需求、劳动力资源、技术增长、台商产业产出、台商产业产值、台商产业产值增长率、台商数目。

正反馈回路三：资源禀赋、台商数目。

负反馈回路一：台商数目、资本、技术增长、台商产业产出、市场需求能力、台商数目。

负反馈回路二：台商数目、人才需求、劳动力资源、技术增长、台商产业产出、市场需求能力、台商数目。

负反馈回路三：台商数目、资源禀赋。

　　资本带动技术增长，技术增长带来经济收益，经济收益促进台商产业产出的发展从而带动台商产业产值增长率上升，最终台商数目就会上升，形成一个正回馈环。在正反馈回路一和二中，随着台商数目的增加，相应的人才需求就会增加，人才需求的增加会带来劳动力资源的上升，同样地，丰富的劳动力资源又会促进技术增长。负反馈回路一和二是对正回馈一与二的调节，台商产业产出的增加导致市场需求能力的减少。正反馈回路三和负反馈回路三构成资源禀赋与台商数目之间的调节回路，资源禀赋越优越，台商的数目也就越多。但是，随着台商数目的增多，资源的消耗量也就越大，从而导致资源禀赋的优越性下降，其对台商转入的影响力也就相应下降。

　　（2）社会关系网络因素与台商数目子系统因果关系分析。

　　社会关系网络因素与台商数目子系统因果关系如图 5 - 2 所示。

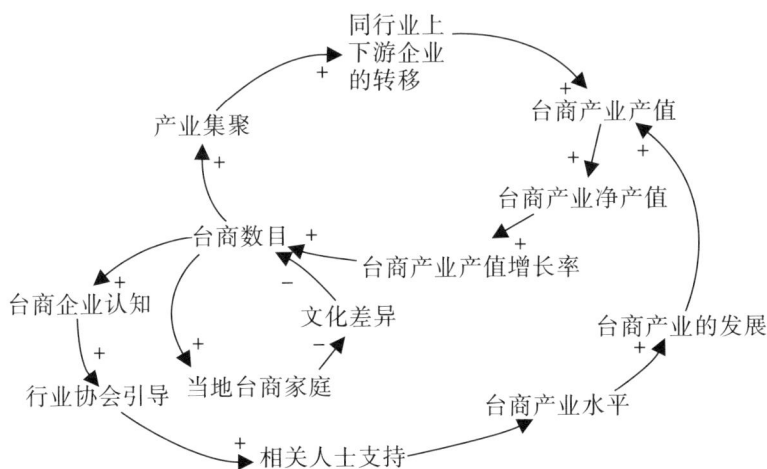

图 5 - 2　社会关系网络因素与台商数目子系统因果关系

主要的回馈关系：

Loop Number 8 of length 8

台商数目 $\xrightarrow{+}$ 台商企业认知 $\xrightarrow{+}$ 行业协会引导 $\xrightarrow{+}$ 相关人士支持 $\xrightarrow{+}$ 台商产业水平 $\xrightarrow{+}$ 台商产业的发展 $\xrightarrow{+}$ 台商产业产值 $\xrightarrow{+}$ 台商产业净产值 $\xrightarrow{+}$ 台商产业产值增长率 $\xrightarrow{+}$ 台商数目

Loop Number 9 of length 2

台商数目 $\xrightarrow{+}$ 当地台商家庭 $\xrightarrow{-}$ 文化差异 $\xrightarrow{-}$ 台商数目

Loop Number 10 of length 5

台商数目 $\xrightarrow{+}$ 产业集聚 $\xrightarrow{+}$ 同行业上下游企业的转移 $\xrightarrow{+}$ 台商产业产值 $\xrightarrow{+}$ 台商产业净产值 $\xrightarrow{+}$ 台商产业产值增长率 $\xrightarrow{+}$ 台商数目

正反馈回路一：台商数目、台商企业认知、行业协会引导、相关人士支持、台商产业水平、台商产业的发展、台商产业产值、台商产业净产值、台商产业产值增长率、台商数目。

正反馈回路二：台商数目、当地台商家庭、文化差异、台商数目。

正反馈回路三：台商数目、产业集聚、同行业上下游企业的转移、台商产业产值、台商产业净产值、台商产业产值增长率、台商数目。

在台商数目与认可度之间的正反馈回路中，台商对企业转入地的认可度高就会直接影响行业协会的推荐和引导，从而获得相关人士的支持，促进台商产业水平的上升，进入从产业发展到台商数目增加的正反馈回路一。亲缘因素与台商数目之间的调节关系通过正反馈回路二表现出来，随着当地台商家庭数目的增加，文化差距就会变小，从而促使台商数目上升。在台商数目与产业集聚正反馈回路三中，产业集聚促进同行业上下游企业的转移，形成规模效应，相应地生产成本等就会下降，台商产业产值就会上升，从而促使台商数目上升。

（3）政策因素与台商数目子系统因果关系分析。

政策因素与台商数目子系统因果关系如图5－3所示。

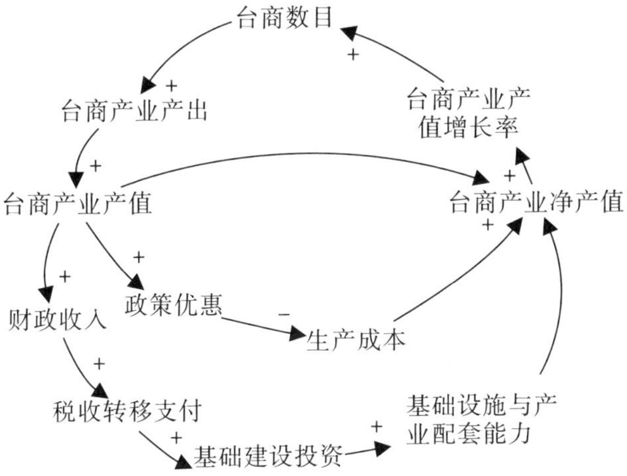

图5－3　政策因素与台商数目子系统因果关系

主要回馈关系:

Loop Number 11 of length 9

台商数目 $\xrightarrow{+}$ 台商产业产出 $\xrightarrow{+}$ 台商产业产值 $\xrightarrow{+}$ 财政收入 $\xrightarrow{+}$ 税收转移支付 $\xrightarrow{+}$ 基础建设投资 $\xrightarrow{+}$ 基础设施与产业配套能力 $\xrightarrow{+}$ 台商产业净产值 $\xrightarrow{+}$ 台商产业产值增长率 $\xrightarrow{+}$ 台商数目

Loop Number 12 of length 4

台商数目 $\xrightarrow{+}$ 台商产业产出 $\xrightarrow{+}$ 台商产业产值 $\xrightarrow{+}$ 台商产业净产值 $\xrightarrow{+}$ 台商产业产值增长率 $\xrightarrow{+}$ 台商数目

Loop Number 13 of length 6

台商数目 $\xrightarrow{+}$ 台商产业产出 $\xrightarrow{+}$ 台商产业产值 $\xrightarrow{+}$ 政策优惠 $\xrightarrow{-}$ 生产成本 $\xrightarrow{+}$ 台商产业净产值 $\xrightarrow{+}$ 台商产业产值增长率 $\xrightarrow{+}$ 台商数目

正反馈回路一: 台商数目、台商产业产出、台商产业产值、财政收入、税收转移支付、基础建设投资、基础设施与产业配套能力、台商产业净产值、台商产业产值增长率、台商数目。

正反馈回路二: 台商数目、台商产业产出、台商产业产值、台商产业净产值、台商产业产值增长率、台商数目。

正反馈回路三: 台商数目、台商产业产出、台商产业产值、政策优惠、生产成本、台商产业净产值、台商产业产值增长率、台商数目。

在税收转移支付与台商数目的正反馈回路一中，税率由政府的政策决定，税收越多的地方税收转移支付越大，基础设施与产业配套能力也就越高，提高了台商产业净产值，从而提高台商产业产值增长率，相应的台商数目也就增加。由正反馈回路一发展到正反馈回路二，台商产业产出增加，产业产值提高。正反馈回路二的发展引起正反馈回路三的改变，在正反馈回路三中，政策优惠直接导致台商生产成本下降，从而使台商产业净产值提高，台商产业产值增长率也相应提高，吸引更多的台商进入。地方财政收入增加，地区经济水平提高，正反馈回路三又作用到正反馈回路一，促进地方基础建设投资，基础设施与产业配套能力提高。三条正反馈回路相互影响，形成政策因素影响下的子系统。

5.4.3　模型主导回馈关系简要流图

在分析台商产业空间转移动力因素与台商迁移的各个子系统的基础上，以台商数目、动因因素、社会关系网络因素、政策因素作为主要研究方面，仔细分析其中的因果关系，理清各要素的回馈关系，连接各个子系统变量构成台商产业空间转移的因果关系图。在明确各变量投入和产出的关系后，建立台商产业空间转移系统流图与系统动力学结构方程式，对系统进行模拟仿真，模型主导回馈关系简要流图如图 5 - 4 所示。

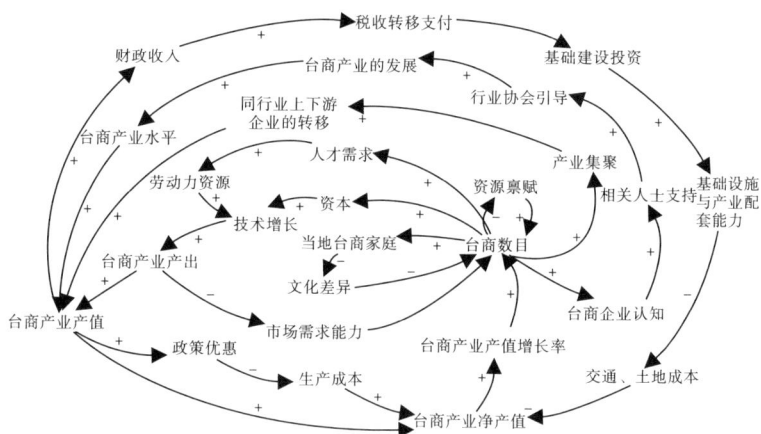

图 5 - 4 模型主导回馈关系简要流图

5.4.4 系统动力学模型及其分析

在分析台商产业空间转移动力因素与台商数目的因果关系后，发现影响产业空间转移的因素有很多，本书探究其中的关键因素，分析各因素之间的关系。本书以台商作为研究对象，以台商数目作为研究变量，综合考虑台商产业产值、台商产业净产值、当地台商家庭、市场需求、资源禀赋等因素，寻找影响台商转入和转出的关键因素，在未来的发展中通过提升关键因素来增强各地对台商的吸引力。台商产业空间转移系统动力学流图如图5 -5 所示。

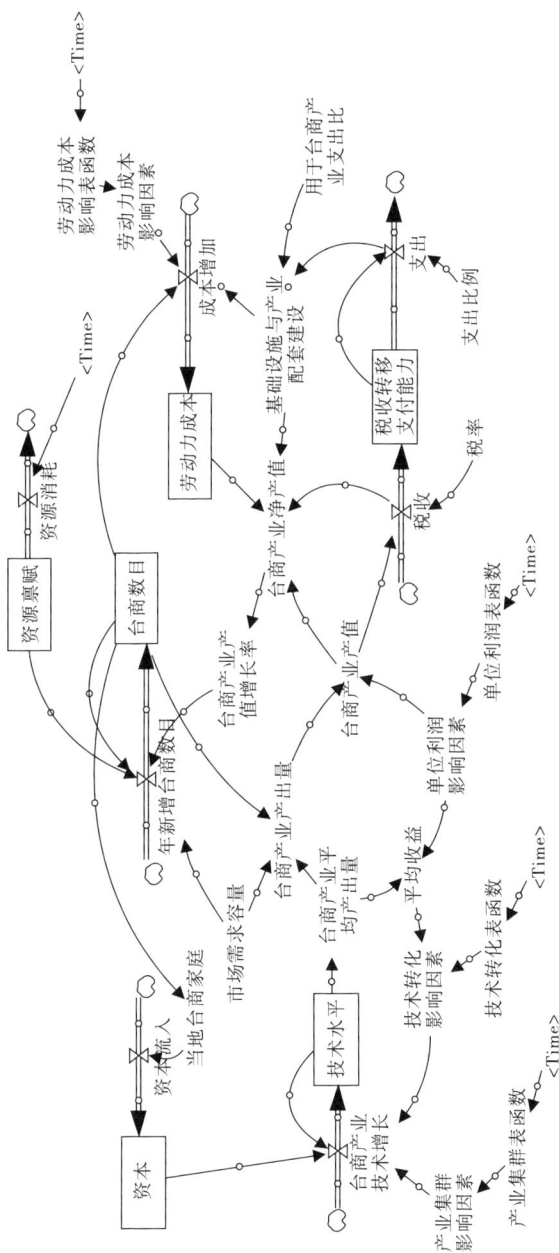

图5-5 台商产业空间转移系统动力学流图

由台商产业空间转移系统动力学流图可知，模型中共有 6 个状态变量、7 个速率变量、20 个辅助变量和常量。

状态变量：资源禀赋、资本、技术水平、台商数目（千家）、劳动力成本、税收转移支付能力。

速率变量：资源消耗、资本流入、台商产业技术增长、成本增加、税收、支出、年新增台商数目。

辅助变量和常量：产业集群影响因素、技术转化影响因素、技术转化表函数、产业集群表函数、平均收益、台商产业产出量、台商产业平均产出量、市场需求容量、单位利润影响因素、单位利润表函数、台商产业产值、台商产业净产值、税率、支出比例、基础设施与产业配套建设、用于台商产业支出比、劳动力成本影响因素、劳动力成本影响表函数、台商产业产值增长率、当地台商家庭。

对长三角地区内的各城市相关资料进行统计分析，求出平均值作为关键资料。资源禀赋用制造业生产总值来表示，2007—2016 年长三角地区的台商制造业的生产总值分别为（单位：百万元人民币）：22 833.43、26 136.62、26 668.48、32 888.62、36 572.63、39 500.00、41 118.29、43 724.24、46 430.00、48 710.00。技术转化用科技投入的资金以及产品的研发资金之和占科技成果总量的比值来表示。2007—2016 年长三角地区的台商制造业的技术转化值分别为 0.87、0.84、0.89、0.89、0.90、0.86、0.93、0.90、0.97、0.92。产品单位利润用商品零售价格指数减去工业生产者出厂价格指数来表示，2007—2016 年长三角地区的台商制造业的产品单位利润分别是 2.65、3.00、3.45、3.90、4.20、4.73、

5. 75、4. 15、3. 20、2. 00。

模型中主要方程式：

（1）资源禀赋＝integ［－资源消耗］

（2）资源消耗＝（［（2007，20 000）－（2016，50 000）］，
（2007，22 833.4），（2008，26 136.6），（2009，26 668.5），
（2010，32 888.6），（2011，36 572.6），（2012，39 500），
（2013，41 119.3），（2014，43 724.2），（2015，46 430），
（2016，48 710））

（3）资本＝integ［资本流入］

（4）台商产业技术增长＝产业集群影响因素＋技术水平×
（技术转化影响因素/资本）

（5）产业集群影响因素＝产业集群表函数

（6）产业集群表函数＝（［（2007，0）－（2016，1）］，
（2007，0.11），（2008，0.11），（2009，0.12），（2010，0.12），
（2011，0.12），（2012，0.12），（2013，0.12），（2014，0.12），
（2015，0.16），（2016，0.16））

（7）技术转化影响因素＝平均收益×技术转化表函数

（8）技术转化表函数＝（［（2007，0）－（2016，1）］，
（2007，0.87），（2008，0.84），（2009，0.89），（2010，0.89），
（2011，0.90），（2012，0.86），（2013，0.93），（2014，0.95），
（2015，0.97），（2016，0.92））

（9）技术水平＝integ［台商产业技术增长］

（10）台商产业产出量＝IF THEN ELSE（台商产业平均产出

量×台商数目＞市场需求容量，市场需求容量，台商产业平均产出量×台商数目）

（11）平均收益＝单位利润影响因素×台商产业平均产出量

（12）单位利润影响因素＝单位利润表函数

（13）单位利润表函数＝（［（2007，－2）－（2016，10）］，（2007，2.65），（2008，3.00），（2009，3.45），（2010，3.90），（2011，4.20），（2012，4.73），（2013，5.75），（2014，4.15），（2015，3.20），（2016，2.00））

（14）台商产业净产值＝台商产业产值－劳动力成本－税收

（15）台商产业产值增长率＝IF THEN ELSE（台商产业净产值＞DELAY1（台商产业净产值，1），ABS（台商产业净产值－DELAY1（台商产业净产值，1））/DELAY1（台商产业净产值，1），－1×ABS（台商产业净产值－DELAY1（台商产业净产值，1））/DELAY1（台商产业净产值，1））

（16）税收＝台商产业产值×税率

（17）税率＝0.25

（18）税收转移支付能力＝integ［税收－支出］

（19）支出＝支出比例×税收转移支付能力

（20）基础设施与产业配套建设＝用于台商产业支出比×支出

（21）劳动力成本＝integ［成本增加］

（22）成本增加＝劳动力成本影响因素

（23）劳动力成本影响因素＝劳动力成本影响表函数

（24）劳动力成本影响表函数＝（［（2007，0）－（2016，

20）]，（2007，6.9），（2008，7.9），（2009，8.6），（2010，10.1），（2011，11.7），（2012，12.7），（2013，13.9），（2014，14.6），（2015，15.6），（2016，16.1））

（25）台商数目＝integ［年新增台商数目］

（26）年新增台商数目＝IF THEN ELSE（台商产业产值增长率＞0，（台商产业产值增长率×0.5＋0.1×市场需求容量/100 000＋0.4×资源禀赋/100 000）×台商数目，0）

5.5 系统动力学模拟分析

在台商初期进入阶段，由于技术水平、资本、基础设施配套的不完善，以及未形成产业集群效应，台商数目保持不变。随后，资本、劳动力、技术与基础设施的优势显现出来，以及依靠当地的资源禀赋、政府的优惠政策，台商数目保持增长，形成产业集群，出现一定的规模效应。在产业空间转移的后期，随着台商数目的增多，资源消耗逐渐增多，企业聚集让劳动力成本增加，市场的竞争也越来越激烈，台商产业开始向外转移，台商数目逐步下降最终呈现稳定水平，具体情况如图5－6至图5－11所示。

台商数目（千家）

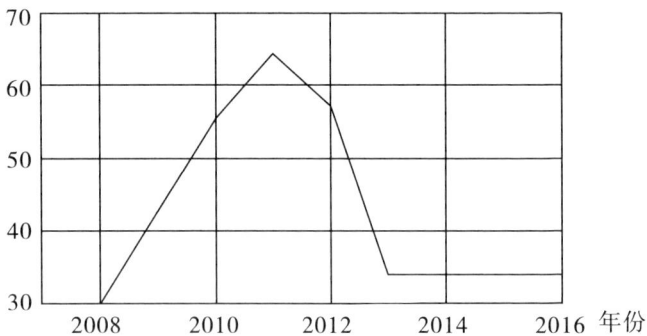

图 5 - 6　台商数目变化情况

年新增台商数目（千家）

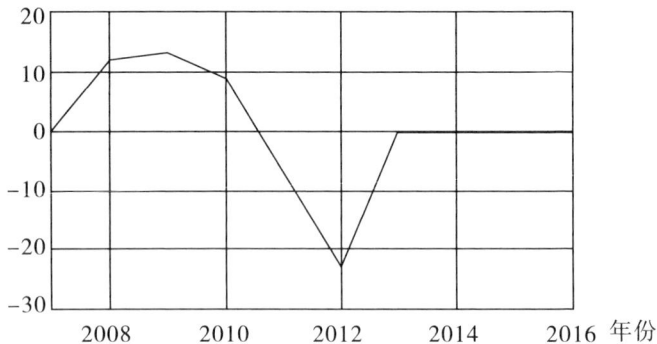

图 5 - 7　年新增台商数目变化情况

投资资本（百万元人民币）

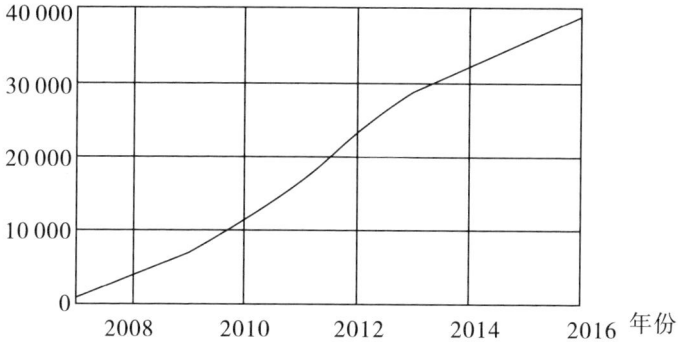

图 5-8　投资资本变化情况

技术水平

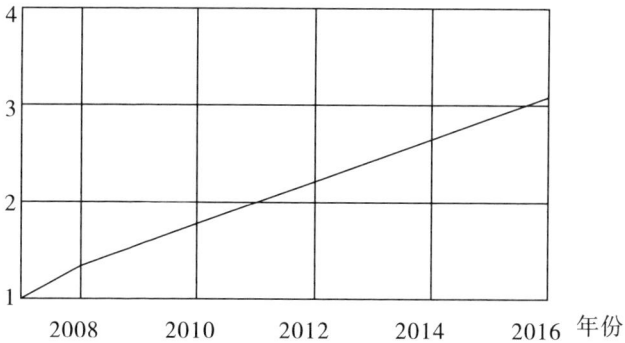

图 5-9　技术水平变化情况

台商产业产值增长率

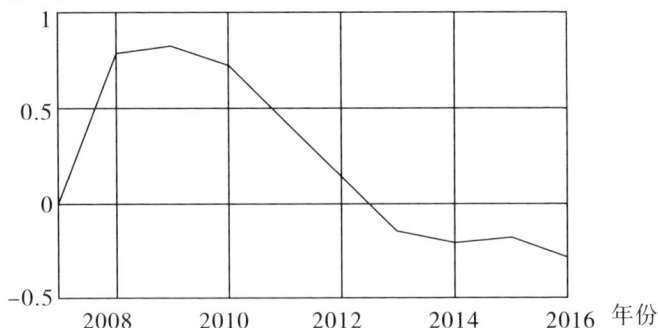

图 5-10 台商产业产值增长率变化情况

台商产业净产值（百万元人民币）

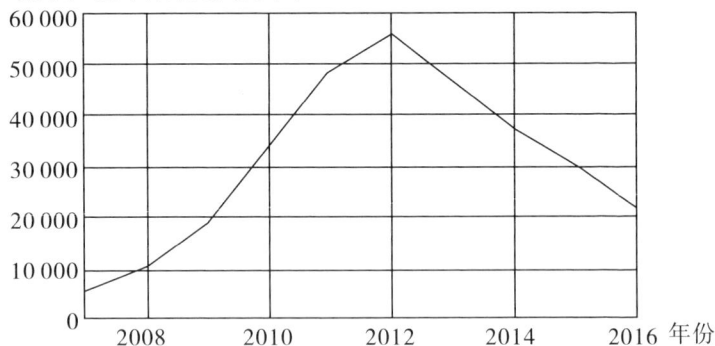

图 5-11 台商产业净产值变化情况

在产业空间转移前期，劳动力成本低廉，税收转移支付能力逐渐增大，为产业空间转移创造了良好条件，降低了进城成本，增加了工业收入，吸引了更多的企业进入。税收转移支付能力是产业集聚的客观经济利益。随着企业数量的增加，来自行业的财政收入将逐步增加。到后期,台商产业开始向外转移,台商数目逐步下降时,产业带来的财政收入也就逐渐减少,税收转移支付能力逐渐减少,具体情况如图 5-12、图 5-13 所示。

基础设施与产业配套建设(百万元人民币)

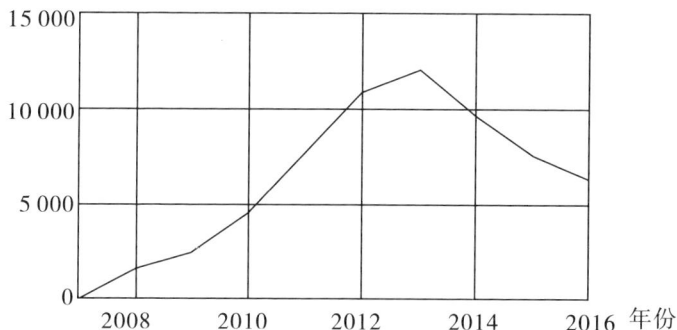

图 5-12 基础设施与产业配套建设变化情况

税收转移支付能力(百万元人民币)

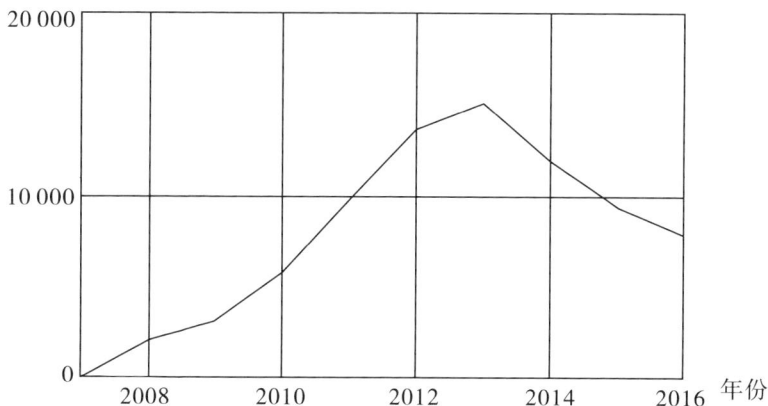

图 5-13 税收转移支付能力变化情况

5.6 模型的调整与分析

通过敏感性分析，对影响台商数目的各因素进行了调整和分析，可以得出各因素的影响敏感程度。

5.6.1 产业集群的影响分析

产业集群是港澳台商、外商投资在固定资产投资中所占的比例，促使台商留下的主要拉力就是投资环境的差异以及规模经济的吸引力。这两类因素可以通过产业集群的程度来反映。将产业集群的数据增加20%，调整后的数据如表5-2所示。

表5-2 产业集群数据调整表

年份	原始资料	调整后
2007	0.11	0.132
2008	0.11	0.132
2009	0.12	0.144
2010	0.12	0.144
2011	0.12	0.144
2012	0.12	0.144
2013	0.12	0.144
2014	0.12	0.144
2015	0.16	0.192
2016	0.16	0.192

　　将产业集群的数据上调 20% 后，技术水平的增长如图 5 - 14 所示，台商数目的增长如图 5 - 15 所示，新的增长如曲线 2 所示。

技术水平

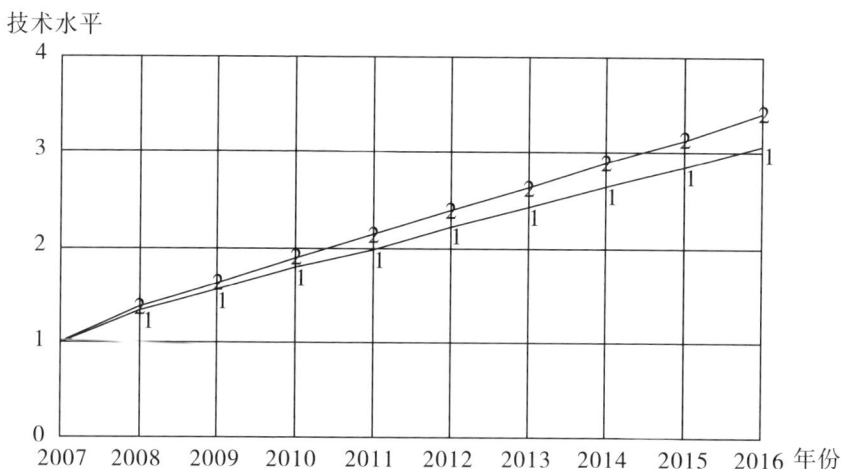

图 5 - 14　技术水平模拟分析图

注：曲线 1 表示调整前技术水平，曲线 2 表示调整后技术水平。

台商数目（千家）

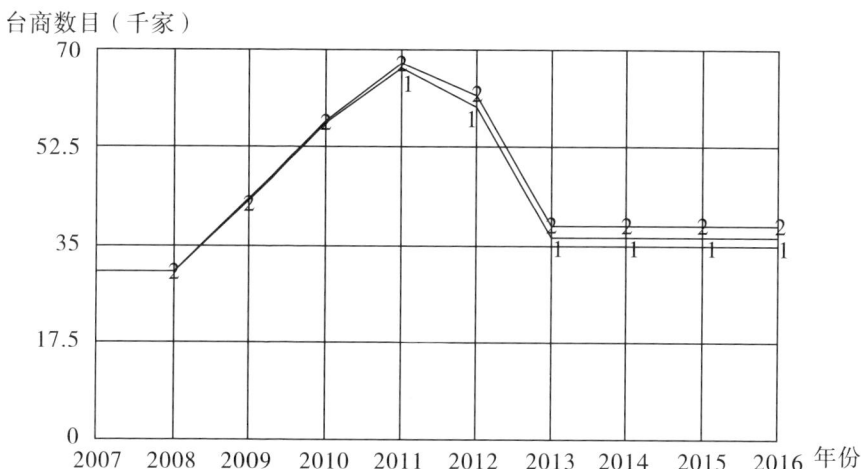

Time（Year）	"台商数目"		台商数目（千家）
2007	Runs：	30	30
2008	Current	30	30
2009	Current2	42.836 0	42.409 6
2010		56.869 6	56.997 5
2011		66.614 8	67.800 6
2012		59.809 6	61.923 9
2013		36.240 4	38.221 4
2014		36.240 4	38.221 4
2015		36.240 4	38.221 4
2016		36.240 4	38.221 4

图 5 – 15　台商数目模拟分析图

注：曲线 1 表示调整前台商数目，曲线 2 表示调整后台商数目。

　　从图 5 – 14 中可以看出，将产业集群的数据增加 20% 后，技术水平会得到相应的提高，前期产业集群效应还不大时，技术水平增长比较缓慢。越到后期，随着产业集群效应增大，技术水平提升越明显。这是因为产业集群会带来一定的规模效应，促使供应链的上下游得到协同，相应的生产成本就会下降，生产效率得到提升，企业利润上升，创建的税收也就相应提升，企业用于研发的投入就会上升，从而提高技术水平。

　　从图 5 – 15 中可以看出，将产业集群的数据增加 20% 后，前期产业集群效应还不大时，台商数目基本无变化，后期产业集群效应增大时，台商数目的下降速度有了相应的减缓。可见产业集群对台商数目的影响并不是非常显著。

　　模拟结果显示技术水平与台商数目、产业集聚程度有直接的关系,通过加大台商投资能够提高技术水平和更好地吸引台商产业的迁入。

5.6.2 台商产业支出比的影响分析

政府优惠政策体现为台商产业支出比的变化,表现在基础设施与产业配套建设的完善程度上。用于台商产业的支出比是区域产业经济环境的重要影响因素,在长三角的系统模型中,支出比由0.8下降到0.5,这样在很大程度上增加台商的生产成本,减少台商产业净产值,从而使长三角地区对台商产业的吸引力下降。模拟结果如图5-16、图5-17所示。

台商数目(千家)

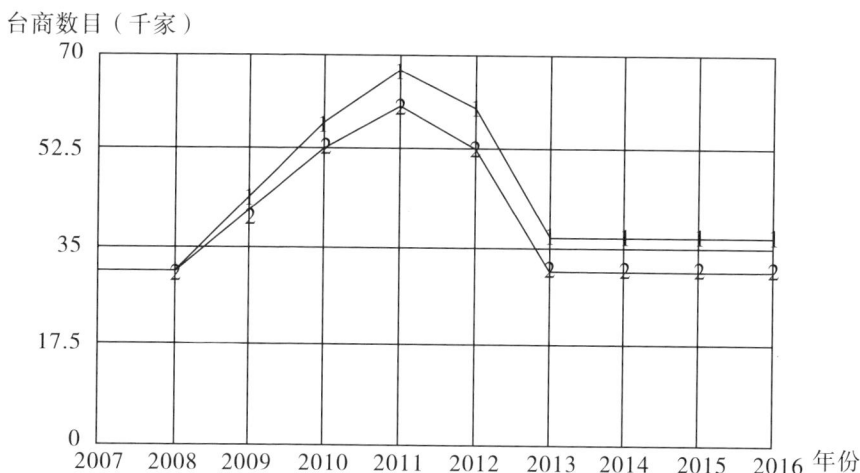

图5-16 台商产业支出比调整前后台商数目模拟分析

注:曲线1表示产业支出比为0.8的台商产业净产值,曲线2表示产业支出比为0.5的台商产业净产值。

台商产业净产值（百万元人民币）

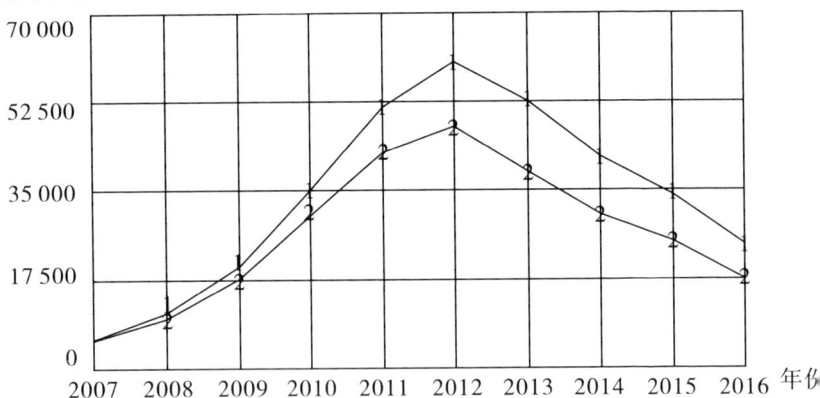

图 5 – 17　台商产业支出比调整前后台商产业净产值

注：曲线 1 表示产业支出比为 0.8 的台商产业净产值，曲线 2 表示产业支出比为 0.5 的台商产业净产值。

从图 5 – 16、图 5 – 17 中可以看出，减少台商产业支出后，台商数目和台商产业净产值大幅下降，这是因为减少台商产业支出比后，用于基础设施与产业配套建设的资金就会减少，没有相应的基础设施和产业配套服务，台商企业若迁入此地，就无法得到生存与发展。从而可以看出基础建设的投资力度对产业空间转移有较大的吸引力，台商产业支出比对台商企业的迁入影响较显著。

5.6.3　单位利润的影响分析

商品的单位利润是影响台商产业产值的重要因素，单位利润影响因素显示了台商产业的平均收益，将系统模型中的因素数值提高 10%，单位利润影响因素调整见表 5 – 3，台商产业产值和台商数目的变化分别见图 5 - 18、图 5 - 19。

表 5 - 3　单位利润影响因素调整表

年份	原始资料	调整后
2007	2.65	2.915
2008	3.00	3.300
2009	3.45	3.795
2010	3.90	4.290
2011	4.20	4.620
2012	4.73	5.203
2013	5.75	6.325
2014	4.15	4.565
2015	3.20	3.520
2016	2.00	2.200

台商产业产值（百万元人民币）

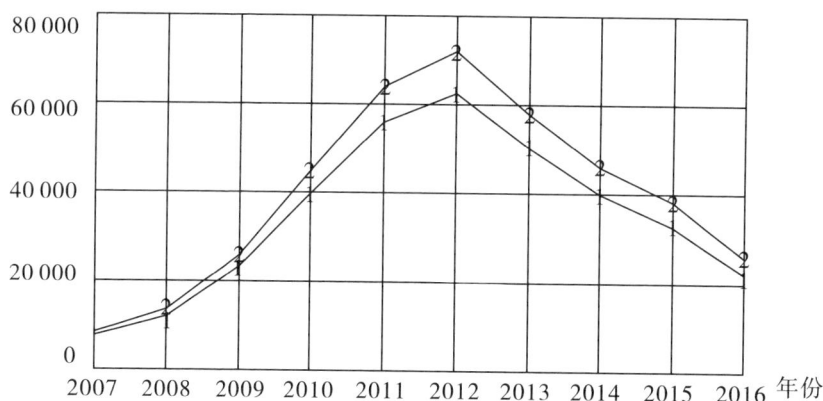

图 5 - 18　单位利润影响因素调整前后台商产业产值

注：曲线 1 表示单位利润影响因素提高前台商产业产值，曲线 2 表示单位利润影响因素提高 10% 后的台商产业产值。

台商数目（千家）

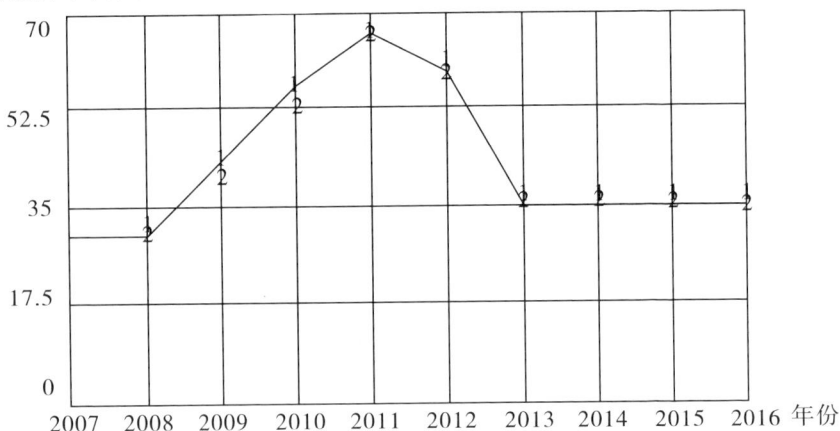

图 5 - 19　单位利润影响因素调整前后台商数目

注：曲线 1 表示单位利润影响因素提高前台商数目，曲线 2 表示单位利润影响因素提高 10% 后的台商数目。

由图 5 - 18、图 5 - 19 可知，提高 10% 的产品单位利润后，台商产业产值增加，台商数目增加至 66（千家）。产品利润在一定程度上可以反映市场需求，即使以代工类产业为主的台商产业，也极为重视本区域的盈利水平。但产品单位利润对台商产业的迁入影响并不是很大，敏感度不高。

5.6.4　资源禀赋的影响分析

资源禀赋对台商产业发展的各个时期都有着重要的影响，一个地区有优厚的资源条件将在很大程度上吸引台商产业的迁入。将模型中的资源禀赋提高 10%，调整后的数据如表 5 - 3 所示，台商数目的变化如图 5 - 20 所示。

表 5 - 4　资源禀赋调整表

年份	原始资料	调整后
2007	22 833. 40	25 116. 74
2008	26 136. 60	28 750. 26
2009	26 668. 50	29 335. 35
2010	32 888. 60	36 177. 46
2011	36 572. 60	40 229. 86
2012	39 500. 00	43 450. 00
2013	41 119. 30	45 231. 23
2014	43 724. 20	48 096. 62
2015	46 430. 00	51 073. 00
2016	48 710. 00	53 581. 00

台商数目（千家）

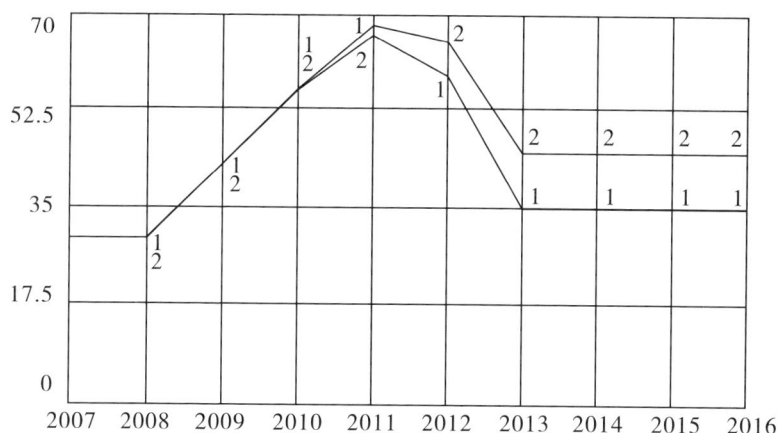

图 5 - 20　资源禀赋调整前后台商数目

注：曲线 1 表示资源禀赋调整前台商数目，曲线 2 表示资源禀赋提高 10% 的后台商数目。

由图 5 - 20 可知，当台商数目达到 68（千家）时，资源禀赋一直是吸引产业转移的重要因素并在 68（千家）这点达到最大。由运行结果可以看出，资源禀赋的提高会推迟产业的迁出。这在一定程度上说明，随着越来越多的台商产业转入，原有的区域资源优势会逐渐丧失，即使伴随着技术与产业集群等优势的显现，资源要素的重要位置仍无可替代，资源要素对台商产业的迁移影响较大，敏感性较强。

5.7　因素命名

长三角地区的产业空间转移受多种因素影响，本书对影响因素进行了分析和比较，得出影响产业空间转移的关键因素。掌握影响代工制造类企业产业产值增长率的关键因素，能更好地承接产业空间转移。在模型的调整与分析中，可以看出代工制造类企业的产业支出比和资源禀赋对企业的迁移有较大影响，敏感度较高。基础设施与产业配套建设的影响也很大，随着企业的进入，其水平逐渐提高。劳动力、资源禀赋作为吸引代工制造类企业迁入的首要因素，各地区应把握住自身优势，积极承接企业的迁入，为当地经济的发展提供动力。产业空间转移有其内在的规律，遵循市场的发展，在研究产业空间转移路径时要注意迁入地与迁出地的双向互动。综合上述分析，对各影响因素进行以下命名：

因素 1 可以被命名为地区生产总值。产业承接地的经济开放程度、外部成本和资金流动，这些因素基本上反映的是当地的经济状况。

因素 2 可以被命名为经济距离。产业承接地的地貌、基础设施和区位状况等，这些因素在研究中反映的是经济距离的相关情况。

因素 3 可以被命名为劳动力数量。产业承接地的劳动力人口、工作习惯和劳动力结构，这些因素决定了当地的劳动力是否可以满足制造业迁入所需要的基本人力资源。

因素 4 可以被命名为资源禀赋。产业承接地的第二产业的生产情况和当地原材料资源，这些因素基本都是涉及制造业生产产品的资源状况的。

因素 5 可以被命名为产业集群度。产业承接地的产业集聚度、当地现有台商的数量以及已迁移台商的发展现状，这些因素基本上都是产业集群的高度表现。

因素 6 可以被命名为社会环境。产业承接地的市场需求、气候环境和自然条件，这些因素基本上都是决定台商是否迁入的重要环境因素。

因素 7 可以被命名为技术水平。产业承接地的技术差异、工业化程度、技术转移难易程度和技术创新度，这些因素基本上都是和技术密切相关的，可以很好地反映当地的技术水平是否符合产业的迁入。

因素 8 可以被命名为家族传承。产业承接地的代工制造类企业的业务关系、亲朋关系等，这些因素基本上与家族企业密切相关，符合代工制造类企业的实际情况。

6 产业空间转移引力模型分析

6.1 引力模型原理与应用

引力模型（Gravity Model）是一种被广泛应用于预测和分析空间相互作用的模型，现已在贸易、旅游等领域取得了研究上的重大突破。作为一种事后分析的研究方法，引力模型成为国际贸易领域最有效的分析工具之一。

6.1.1 引力模型概述

1687 年，著名的物理学家牛顿在《自然哲学的数学原理》中首次提出了"万有引力定律"，也就是说，两个物体之间的力与它们的质量成正比，与它们之间的距离成反比。即

$$F_{ij} = G \cdot \frac{M \cdot m}{D_{ij}^2}$$

其中，F_{ij} 表示两个物体之间的吸引力大小，M 和 m 分别表示两个物体的质量，D_{ij} 表示两个物体之间的距离，G 为万有引力常量。该定律的提出，极大地推进了物理科学的发展。

随着理论的成熟和技术的发展，万有引力定律的应用领域渐渐拓展，特别是从 20 世纪 60 年代开始，万有引力定律在经济学中的贸易领域得到充分的体现。Isard，Peck 和 Beckerman（1956）发现两个国家之间的地理距离对国家贸易有影响，距离越近的国家，其相互之间的贸易量越大。Tinbergen 和 Poyhonen（1956）首次将万

有引力定律应用于国际贸易研究中，提出了贸易引力模型，也就是说，两国的贸易额与各自的经济规模成正比，与它们之间的距离成反比，但是该模型当时并没有获得广泛认可。Poyhonen（1963）使用引力模型对双边贸易问题进行研究，结果验证了引力模型的合理性和适用性。Lineman（1966）认为，人口变量是影响贸易流量的重要因素之一，其与贸易规模成正比，并将人口变量引入引力模型中，借用了一般均衡模型来分析研究。Aitken 和 Sapir 等人（1973）使用引力模型分析国家之间的贸易流量，说明引力模型开始被认可。Anderson（1979）通过引力模型来研究 FDI 问题，提出了国际直接投资的引力模型。但是在 1984 年，仍然有人对引力模型提出疑问，Deardorff（1984）认为引力模型的理论基础缺乏科学性。Berstand（1989）对人口变量提出新的修改，用人均收入代替人口变量，并引入虚拟变量，使引力模型的丰富度大大提升。随着学者们的不断深入研究分析，引力模型的理论和应用已经非常成熟，并在后期取得重要的研究成果。

21 世纪初期，引力模型的研究成为学术界的热潮，通过对引力模型的修正和拓展，大量关于引力模型的文章被发表出来。Francois（2001）第一次运用引力模型研究服务贸易流量问题，用人均 GDP 和绝对距离作为模型变量。Christie（2002）运用引力模型，结合 1996—1999 年的横截面数据，对东南欧的贸易潜力进行预测分析。Grunfeld 和 Moxnes（2003）首次将 TRI（Index of Trade Restriction in Importing Countries，进口国贸易限制指数）和 FTA（Free Trade Area，自由贸易区）作为虚拟变量，代入引力模型，对进出口国贸易管制对贸易流量的影响问题进行研究。Groot 等人

（2004）首次引入政治稳定性、政府效率和管制等因素作为引力模型变量。Fratianni（2007）再次整理回顾了引力模型在本地市场效应和不完全分工假设中的验证。Francois 和 Hoekman（2010）指出贸易管制对服务贸易的影响可能大于商品贸易的影响，而合作与自由化的溢出效应可能是巨大的。Fan 和 Shepard（2011）发现贸易限制和贸易水平之间存在着强烈的负相关。Crozet，Milet 和 MiZa（2013）指出，贸易管制的影响取决于交易服务的类型。Hard 和 Maier（2016）引用了引力模型来描述 2014 年日本与欧盟国家的贸易，并得出贸易与 GDP 呈正相关，与距离呈负相关的结论。这些文献从国家基本特征的角度考察了贸易流动的主要影响因素。

国内学者对引力模型的研究主要集中在亚洲太平洋经济合作组织、东南亚国家联盟和东南亚等发展中国家，并取得了重大突破。饶慧琳（1999）提出了基于引力模型的城市影响力模型，其模型具有较强的适用性。张义文、高新法、荣美娜、刘瑞平（2001）基于空间相互作用理论，利用断点法，计算了河北省主要城市的吸引力。陈延广和刘继胜（2002）在理论上分析了城市间相互作用的万有引力模型并将其推广。冯云婷（2003）利用城市影响力模型对北京—天津—河北经济区的合理性进行了分析，得出了积极的结论：北京—天津—河北经济区的制定是合理的。李秀敏和李树艳（2006）利用引力模型对东北亚国家进行了实证检验和潜力分析。通过分析，他们认为东北亚国家与贸易伙伴之间确定贸易量最重要的因素是各国的经济总量和空间距离，并对引力模型进行了充分的验证。黎璐和吉建华（2007）对大都市区的空间定义进行了研究，以长三角大都市区的定义为主要内容。戚薇（2013）利用引力模型分析了中国制造业贸易的影响因素，得出了贸易依存度和贸易互惠对中国制造业出口的影响。孙江和王新华（2015）在引力模型分析框架上，结合消费者对异质模型的需求，研究了中国出口车辆规模对不同贸易伙伴规模的影响，并进一步提出了人均 GDP 的临界值。赫成凯（2016）建立了一个扩展的引力模型，并对影响中国汽车出口的因素进行了实证研究。引力模型的基本数学表达式为：

$$F_{ij} = k \cdot \frac{Y_i \cdot Y_j}{D_{ij}^2}$$

其中，F_{ij} 为引力大小；k 为引力常量；Y_i 和 Y_j 为两个研究单位的内生变量，根据研究对象特点确定；D_{ij} 为两个研究单位的空间相对距离。引力模型的表达式中只包含三个变化因素，描述的内容似乎很简单，但是针对不同的案例研究，引力模型可以修正为各种不同的拓展表达式，使其与实际问题的研究拟合度大大提升。因此，引力模型在不同领域的研究中越来越受到重视。

6.1.2 引力模型的特点

（1）引力模型的适用性强。

引力模型可以用来研究地区之间的相互作用关系，地区之间的贸易量关系，地区之间的经济关系，但是引力模型是一种静态的研究方法，对于动态问题则不适用。引力模型被广泛应用的原因在于它具有很强的说服力，研究显示，实证过程所选取的数据点，大部分集中在拟合线下，引力模型可以解释贸易流 80% ~

90% 的变化，具有充分的解释力度。

（2）引力模型源于经验，理论基础欠缺。

引力模型的理论基础不足，主要依靠研究者的经验来支撑，而不是经过理论和逻辑推导得出的。部分人对该模型的应用仍然表示质疑，但是由于研究者的成功经验和该模型的稳定性，引力模型在处理实际问题的过程中，慢慢建立各种标准的处理方法，其理论基础正在渐渐完善并走向成熟，所以引力模型备受研究者的青睐，成为学术界成功的研究方法之一。

（3）引力模型的数据源易获取，求解简便。

引力模型的数据源由实际问题的影响因素决定，截至目前，数据源主要包括 GDP 资料、地区间距离、人口变量和制度等因素变量，其数据源可以通过国家或者地区的统计官网直接查找，是比较容易获得的。此外，求解引力模型的工具有 SPSS 和 Eviews 等数据处理软件，在熟悉软件使用的前提下可以快速对数据源进行处理求解。

（4）引力模型的研究对象可以复杂多样。

引力模型的基本表达式简单，但通过对模型进行系数修正得到的表达式可以是复杂多样的，而且这些表达式的形式都符合万有引力定律的基本形式，形式的千变万化使引力模型可以分别描述各种复杂多样的分析对象，所以很多研究者运用引力模型来处理不同领域的问题，通过建模将复杂问题简单化，使研究对象精确化。

总之，引力模型试图通过简单的方式，通过不断的变化和发展，以便更准确地描述复杂的研究对象。综合发展是引力模型未来最重要的发展趋势，引力模型未来将有更广泛的应用。

6.1.3 引力模型的应用及发展

（1）零售引力定律。

零售引力定律也叫"雷利法则"，是由美国著名的学者 W. J. REILY 在 1931 年提出的，他当时对美国的 150 个城市进行调查，以研究城市商业圈的交易情况。他发现，零售引力和人口二者之间存在一定的影响关系，根据万有引力定律，他提出了零售引力定律，即具有零售中心的两个城市，和位于它们中间的城市的交易量与各自城市的人口数成正比例，而与从中间城市到市场的距离成反比例。零售引力定律的数学表达式如下：

$$\frac{T_a}{T_b} = \frac{P_a}{d_a^2} \bigg/ \frac{P_b}{d_b^2}$$

在公式中，T_a、T_b 分别表示第三个城市被吸引到 a、b 两个城市的交易额；P_a、P_b 分别表示两个城市的人口数；d_a、d_b 分别表示第三个城市到具有零售中心城市的空间距离。

（2）在国际贸易中的应用。

随着研究者们对引力模型研究的进一步深入，针对不同的国家或者城市的贸易情况，研究者发现在研究国与国或者城市与城市之间的贸易时，引力模型成为一种重要的研究工具。最终研究显示，国与国或者城市与城市之间的贸易流量，与两个国家或者城市的 GDP 成正比，与两个国家或者城市之间的距离成反比，这便是深受学术界认可的贸易引力模型。早期的贸易引力模型由 Tinbergen 和 Poyhonen（1956）两位学者提出，具体数学表达式如下：

$$M_{ij} = k \cdot \frac{Y_i \cdot Y_j}{D_{ij}^2}$$

在公式中，k 为常数；M_{ij} 为 j 国从 i 国进口的资产总额；Y_i 、Y_j 分别为对应国家的 GDP；D_{ij} 为两个国家的交通距离。

（3）边界效应。

边界效应也叫"本地偏好"。研究者通过对引力模型的不断研究发现，贸易引力模型的影响变量远远多于现有研究中包含的变量数。除距离变量会对引力模型研究产生主要影响外，还有其他很多重要的影响因素，例如，政府政策、殖民地关系、文化习俗、货币汇率和贸易联盟等，这些因素最终形成了所谓的"边界效应"。Mc Callum（1995）利用引力模型测量了加拿大和美国各省之间的国际贸易。研究发现，在控制经济规模和相互之间的距离后，加拿大各省之间的贸易额是美国贸易额的 22 倍，这在国际市场一体化进程的背景下引起了广泛的关注，这使得引力模型在边界效应中的应用得到了广泛的研究。

（4）在贸易预测中的应用。

从 21 世纪初期开始，越来越多的研究者从引力模型的研究结果出发，对世界不同地区的贸易潜力进行了预测。Christie（2002）使用 1996—1999 年的横截面数据来预测东南欧的贸易潜力，同时，对 1985 年 58 个主要贸易国的外贸流量进行了分析。拉赫曼（2004）利用引力模型，使用 2003 年的 2 000 个横截面数据来分析世界贸易流量，并预测了印度的贸易潜力。Sohn 和 C - H（2005）利用贸易引力模型检验了影响韩国双边贸易流动的诸多因素，认为韩国、日本和中国的贸易潜力尚未得到充分发展。

引力模型的研究一直以来都是学者们研究的焦点，在贸易研究问题上更是得到了充分的肯定，其应用和发展深受学者们的重视。引力模型是由万有引力定律转化而来，并在对贸易问题的主观认识上建立起来，缺乏理论基础。但是经过数十年大量的实践研究，引力模型的合理性也渐渐得到认可，其基础理论得到完善。因此，引力模型是将理论与实践相结合的重要分析方法，其发展将朝着更深入的方向进行。

6.2　建立模型

首先将 Tinbergen（1962）模型：$X_{ij} = \alpha_0 \cdot Y_i \alpha_1 \cdot Y_j \alpha_2 \cdot D_{ij} \alpha_3 \cdot P_{ij} \alpha_4$，写成自然对数的形式，即

$$\ln(X_{ij}) = \ln\alpha_0 + \alpha_1 \cdot \ln(Y_i) + \alpha_2 \cdot \ln(Y_j) + \alpha_3 \cdot \ln(D_{ij}) + \alpha_4 \cdot \ln(P_{ij})$$

在上述模型的基础上，结合系统动力学分析得出的敏感性因素，对模型的参数进行相关改进和重新定义，使其符合双转移的实际规律，则引力模型的修正模型为：

$$\ln(F_{ij}) = C_1 \cdot \ln(X_j) + C_2 \cdot \ln(D_{ij}) + C_3 \cdot \ln(Lab_j) + C_4 \cdot \ln(Res_j) + C_5 \cdot \ln(CR_j) + C_6 \cdot \ln(Env_j) + C_7 \cdot \ln(Tec_j) + C_8 \cdot \ln(H_j)$$

（1）F_{ij} 表示产业迁出地和产业迁入地之间的产业吸引力大小。其中，i 表示产业迁出地，j 表示产业迁入地，$i, j = 1, 2, \cdots, n$。

（2）X_j 表示各产业迁入地的地区生产总值。一般情况下，GDP越大，对转移产业的吸引力就越大，越能促进产业向该地区转移。

（3）D_{ij} 表示代工制造类企业与产业迁入地之间的经济距离。

（4）Lab_j 表示产业迁入地的劳动力数量。对制造类企业来说，充足的劳动力是企业正常生产的重要保障，而丰富的人力资源也是促使产业空间转移的重要因素之一。

（5）Res_j 表示产业迁入地的资源禀赋。每个产业的发展都会依赖一些特定的资源，比如土地、能源等。

（6）CR_j 表示代工制造类企业在产业迁入地的产业集群度。近年来，代工制造类企业在大陆的投资表现出高度的集聚特征，这为分析代工制造类企业产业空间转移提供了良好的影响因素研究。

（7）Env_j 表示产业迁入地的社会环境。一个地区的社会环境是影响产业发展的重要因素，一般情况下，良好的社会环境有利于产业在本地长时间发展下去，并不断向外延伸业务，有助于增强产业自身的竞争力。

（8）Tec_j 表示产业迁入地的技术水平。企业的发展和技术水平密切相关，技术可以改变企业的生产效率，并为企业创造更多的利益，同时也可以提升企业的市场竞争力。

（9）H_j 表示产业迁入地的家族传承因素，该因素主要在家族企业中发挥重要作用。大部分代工制造类企业属于家族企业，所以家族传承对本研究具有重要的意义。

6.3 实证数据选取及说明

　　本书重点调研的是珠三角和长三角的台湾代工制造类企业。根据2010—2017年台湾投资大陆的主要地区和投资额比例统计结果，如图6-1所示，可以看出，台湾对广东省的投资主要集中在珠三角，所以本书选取珠三角的三个主要地级市为研究对象；对于长三角的投资主要集中在江苏省，因此选取江苏省内的三个主要地级市为研究对象。

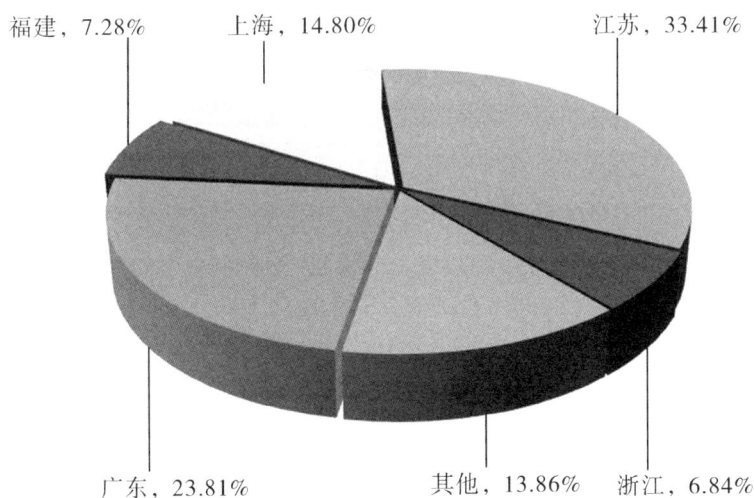

图6-1　台湾投资大陆的主要地区和投资额比例（2010—2017年）

数据来源：台湾"投审会"月报。

根据2010—2017年台湾投资东南亚的主要地区和投资额比例统计结果，如图6-2所示，可以看出，台湾对东南亚的投资主要集中在越南、柬埔寨和印度尼西亚等国家，所以本书以这三个国家为东南亚的代表，研究亚洲代工制造类企业产业空间转移路径。

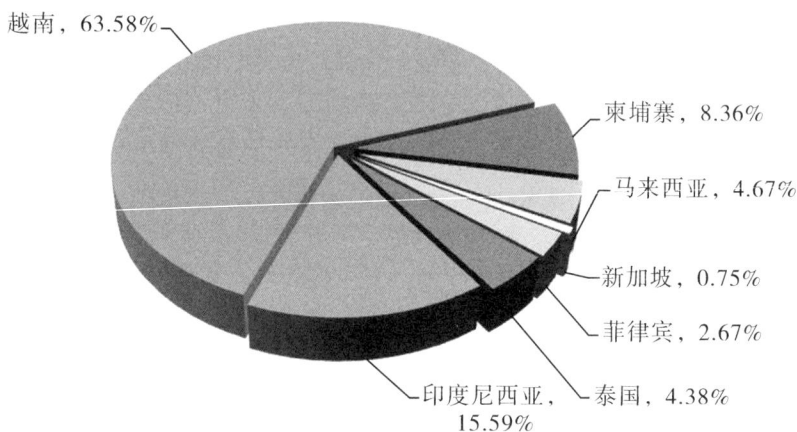

图6-2　台湾投资东南亚的主要地区和投资额比例（2010—2017年）

根据1991—2009年台湾对大陆的投资额随时间变化的曲线，可知，1993—1997年为台商产业迁入珠三角的热潮期，2004—2008年为台商产业迁入长三角的热潮期。因此，为了降低资料的统计误差，每个地区都是选取连续三年资料的均值，例如，珠三角为1994—1996年的均值，长三角为2006—2008年的均值，东南亚为2014—2016年的均值，以这些数据为分析对象，对台湾代工制造类企业产业空间转移路径进行研究。

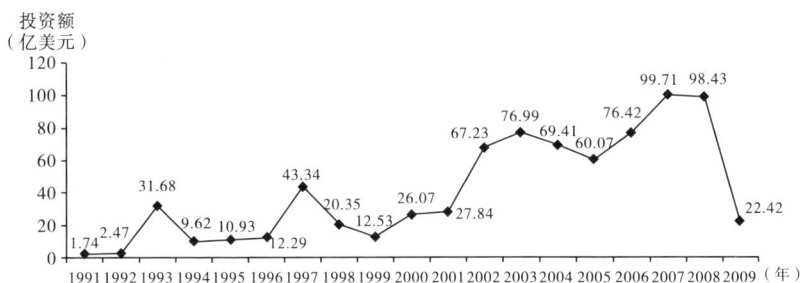

图6-3 台湾对大陆的投资额

数据来源：台湾"投审会"月报。

产业迁入地的地区生产总值，指的是所有常设单位在一定时期内的生产活动最终结果。它是一个国家或地区经济核算的核心指标，代表着各种产业增加值的总和。本书对九个研究对象的生产总值选择符合贸易引力模型的数据要求。

经济距离主要受交通运输技术和设施改善的影响。大部分研究是以运费、时间、便利程度（或舒适程度）来表示两地之间的距离。本书根据 Google 地图测出产业迁出地和产业迁入地之间的物理距离，再通过各地的交通运输技术指数和经济落差指数对距离进行两次修正系数改进，得到可以应用于模型中的经济距离，修正系数见表6-1。

表6-1 经济距离系数表

交通运输技术指数						
交通工具	火车	汽车	轮船	火车和汽车	火车和轮船	汽车和轮船	火车汽车和轮船
修正系数	0.6	0.8	1.0	0.7	0.8	0.9	0.5
经济落差指数						
转入地人均GDP/转出地人均GDP	<20%	20%~40%	40%~60%	60%~80%	80%~100%
修正系数	0.9	0.7	0.5	0.4	0.3

一个地区的劳动力数量由本地居民和外来人口两部分组成。劳动力数量与制造类企业的发展状况紧密相关,充足的劳动力是制造类企业运营的动力之源,能促进产业的发展。本书的劳动力数量用各地区的年末常住人口值来表示,这些值通常代表着该地区的固定劳动力,应用于模型分析中,可以降低劳动力频繁流动带来的风险,是合理的数据。

资源禀赋指的是一个国家或地区拥有的各种生产要素总和。对于制造类企业来说,资源禀赋的丰裕程度将直接影响企业的生产成本,包括原材料的购买成本、运输成本以及其他生产过程中的成本。本书中的资源禀赋值,是通过针对制造业的第二产业年产值,扣除采矿业产值和其他非制造业的产值之后,整理计算得出的,符合制造业的数据分析研究。

CR 指数是表示市场集中度的重要指标,本书运用该指数衡量台商的产业集群度。其计算方法如下:$CR_j = S_j/S$,其中 S_j 表

示台商在 j 地区制造业的投资金额，S 表示台商在整个省份或者国家制造业的投资总金额。

产业迁入地的社会环境，是一个国家或企业选择投资的重要影响因素，它包含社会政治因素、经营管理水平以及其他影响因素。本书中的社会环境用全球台商服务网站中统计的投资环境来代替。

技术水平是企业获得竞争优势的核心，对于代工制造类企业而言，产业迁入地的技术水平可以改变产品的生产周期，降低生产成本。一个地区的技术水平通常由三个指标来衡量：中等专业以上学校在校生占人口的比例、地区人均教育经费和人均专利受理量。其中地区人均教育经费来自各地区的统计年鉴，另外两项来自各地区的国民经济和社会发展统计公报。三个指标按照一定的比例进行转化，得出各地区的技术水平值。

产业迁入地的家族传承因素在家族企业中发挥重要作用。大部分台资企业属于家族企业，所以家族传承对本书的研究具有重要意义。由于这个因素当前并无定量研究，因此，在资料分析过程中，引入虚拟变量，0 表示该地区的家族传承影响程度较小，可以忽略；1 表示该地区的家族传承影响程度较大，对本书具有参考价值。

6.4 产业空间转移力学分析

引力模型最早由 Tinbergen 和 Poyhonen（1956）提出并应用于经济学领域，是在牛顿的万有引力公式的延伸拓展下，将其转化为适用于分析两个国家双边贸易额问题的模型公式，其基本表达式为：

$$T_{ij} = k \cdot \frac{Y_i \cdot Y_j}{D_{ij}^2}$$

根据本书的研究对象及调查结果，对上述基本表达式进行修正，得到以下针对台湾代工制造类企业产业空间转移的引力模型公式：

$$F_{ij} = P_i \cdot \frac{X_i \cdot X_j}{D_{ij}^2} \cdot \lambda$$

P_i 为产业迁入地的政策吸引系数，与当地的政策密切相关，其大小是通过当地的优惠政策来衡量的。因为各产业迁入地的发展策略不一样，中国珠三角地区最早实行改革开放，但各市的配套产业完善程度仍然不同，同理，中国长三角地区和东南亚地区的经济状况也不相同，因此，将 9 个区域分成不同的等级，最高等级取 2，其他地区取值依次下降。λ 为城市发展系数，根据各产业迁入地的发展水平，本书将各个地区分为不同的等级。根据模型及收集的相关数据，可以计算出产业迁出地和迁入地之间的吸引力大小，具体指标和结果见表 6-2。由于产业迁出地为同一地区，所以 X_j 在此处不代入运算。

表6-2 各地区吸引力指标及大小

地区	GDP（X_j）	政策吸引系数（P_j）	经济距离（D_{ij}）	城市发展系数（λ）	吸引力（F_{ij}）
广州	12 213 961. 33	1. 90	1 481. 25	0. 70	1. 096 7
深圳	8 418 655. 00	2. 00	2 316. 00	0. 90	0. 654 3
东莞	2 017 587. 33	1. 00	2 300. 57	0. 50	0. 043 8
常州	13 244 766. 67	0. 50	2 733. 10	0. 70	0. 169 6
苏州	40 989 266. 67	0. 70	1 857. 94	0. 80	1. 235 5
无锡	27 853 033. 33	1. 00	3 301. 43	0. 80	0. 674 9
越南	19 490 666. 67	2. 00	3 782. 65	1. 00	1. 030 5
印度尼西亚	88 819 666. 67	1. 00	10 546. 29	0. 80	0. 673 8
柬埔寨	1 699 333. 33	0. 30	9 727. 33	0. 40	0. 002 1

从上述计算结果可以看出，广州、苏州和越南对代工制造类企业的产业空间转移吸引力很大，其余地区的吸引力相对较小，说明代工制造类企业转移的主要地区是广州、苏州和越南。除广州外，其他两个地区的代工制造类企业产业空间转移路径与台湾代工制造类企业产业空间转移路径的实际情况一致。在改革开放初期，深圳作为经济特区，广州作为广东省的省会城市，它们的地区生产总值远大于东莞，导致吸引力结果偏大，东莞作为台商投资最早、最集中的地区之一，是台商制造业发展的首选地。

利用SPSS 21.0对上面的数据进行聚类分析，聚类结果如图6-4所示。

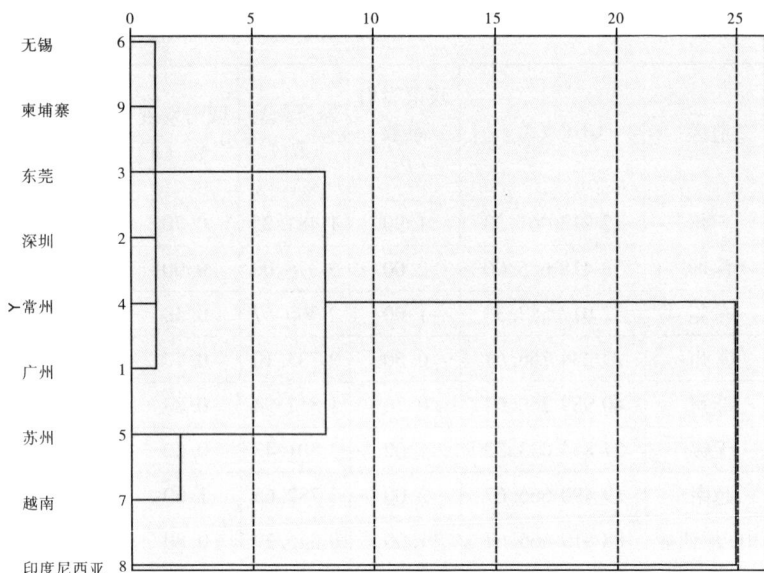

图 6-4　使用平均连接（组间）的树形图

由上述聚类分析结果可以看出，9 个产业迁入地可以分为 3 类：东莞、苏州和越南为一类，印度尼西亚为一类，剩下的地区为一类。这与实际情况相符合。因此，以台湾代工制造类企业为典型代表的产业空间转移方向可以确定为：台湾—东莞—苏州—越南。

6.5　模型求解及结论

根据模型对产业吸引力的影响因素进行计量分析，结果如表 6-3 所示。这里所用的方法为基于最小二乘法的回归分析，所用的软件为 Eviews 9.0。

表 6 - 3 回归分析表

Variable	Coefficient	Std. Error	t-Statistic	Prob.
C	-4.075 6	0.182 7	-22.301 7	0.028 5
X_j	2.355 2	0.045 1	52.229 4	0.012 2
D_{ij}	-1.504 8	0.041 1	-36.581 0	0.0174
Lab_j	0.781 2	0.022 4	34.919 1	0.018 2
Res_j	0.246 1	0.007 1	34.540 8	0.018 4
CR_j	0.473 9	0.009 2	51.522 1	0.012 4
Env_j	4.212 3	0.073 3	57.440 1	0.011 1
Tec_j	2.022 2	0.038 6	52.361 6	0.012 2
H_j	0.308 0	0.064 3	4.793 2	0.013 1
R - squared	0.985 6	Mean dependent var		0.597 3
Adjusted R - squared	0.959 5	S. D. dependent var		0.481 1
S. E. of regression	0.010 5	Akaike info criterion		-6.688 4
Sum squared resid	0.000 1	Schwarz criterion		-6.513 1
Log likelihood	38.098 0	Hanna-Quinn criter.		-7.066 8
F - statistic	2 385.256 0	Durbin-Watson stat		2.494 2
Prob（F – statistic）	0.015 8			

由回归分析表可以看出，拟合系数 R 为 0.985 6，调整后的拟合系数为 0.959 5，说明本书选取的变量对吸引力大小的解释程度近似为 1，其相关性能够比较好地按拟合系数来被解释。并且 F 值为 2 358.256 0，大于 F 临界值 4.05，$Prob.$ 和 $Prob$（F-$statistic$）的值均小于 0.05，因此通过检验。可以得到代工制造类企业产业空间转移的模型：

$$\ln(F_{ij}) = -4.0756 + 2.3552 \ln(X_j) - 1.5048 \ln(D_{ij}) +$$
$$(-22.3017) \quad (52.2294) \quad (-36.5810)$$
$$0.7812 \ln(Lab_j) + 0.2462 \ln(Res_j) +$$
$$(34.9191) \quad (34.5408)$$
$$0.4739 \ln(CR_j) + 4.2123 \ln(Env_j) +$$
$$(51.5221) \quad (57.4401)$$
$$2.0222 \ln(Tec_j) + 0.3080 \ln(H_j)$$
$$(52.3616) \quad (4.7932)$$

$$R = 0.9856 \qquad R^2 = 0.9595 \qquad D - W = 2.0942$$

$F = 2385.2560$

通过回归分析表中得到的系数可知，地区生产总值、经济距离、产业集群、社会环境、技术水平、劳动力数量、资源禀赋和家族传承都是影响台湾代工制造类企业产业空间转移的重要因素，其中，经济距离的影响表现为负相关。

模型的数值分析解释如下：

（1）回归结果表明，产业迁入地的地区生产总值对产业空间转移吸引力大小的影响是正面的，地区生产总值增长一个单位，对应的吸引力增加 2.3552 个单位。根据系数大小可知，地区生产总值对代工制造类企业产业空间转移的影响非常明显。一般来说，一个地区的地区生产总值越大，说明该地区的经济效益越好，城市的发展程度越高，对待转移企业的吸引力越大；而地区生产总值较小的地区，产业的发展容易受到当地的经济波动影响，外来产业的投资动力也相对较弱。

从研究选取的产业空间转移对象的实际情况来看，地区生产总值是反映当地人们生活水平的主要指标。每个地区的地区生产总值差距越明显，越能体现出代工制造类企业产业空间转移的实际规律。地区生产总值作为引力模型最主要的影响变量，对研究结果更具有说服力。所以，亚洲代工制造类企业在转移的时候，需要重点考虑该因素的大小。

综合资料分析结果表明，地区生产总值越大的地区，当地人们的生活水平越高，人们对物质的需求量越大，这为制造类企业的发展提供了足够大的市场。因此，该地区对代工制造类企业产业空间转移吸引力较大。

（2）回归结果表明，产业迁入地之间的经济距离对产业空间转移吸引力大小的影响是负面的，经济距离增长一个单位，对应的吸引力减少 1.504 8 个单位。根据系数大小可知，经济距离是影响代工制造类企业产业空间转移的重要影响因素，经济距离主要包含物流距离、交通运输技术和基础设施完善程度等三方面。物流距离主要决定了待转移企业的生产成本，物理距离越小的地区，一般越能吸引代工制造类企业的转入；物理距离较大的地区，外部投资的动力越弱。所以，选择较短距离的产业迁入地是台湾代工制造类企业需要重点考虑的问题。

作为产业空间转移的各地区之间经济距离的调节因素，当地的交通运输技术和基础设施完善程度也是需要加以考虑的。交通运输技术和基础设施完善程度决定了待转移产业的运输成本，对于交通便利和有基础设施保障的地区，其运输成本往往较低，企业在运输上所花费的人力和物力资源可以减少，而且企业的物料和产品运输也可以得到保障。所以，交通运输技术和基础设施完善程度优势越明显的地区，越有利于代工制造类企业产业转入该地区，而对于部分优势较弱的地区，外部投资的可能性就会减弱。

因此，综合影响经济距离的因素整体分析计算结果，经济距离对产业空间转移的影响显著。经济距离越小，产生的成本越低，对待转移企业的吸引力也越大。在代工制造类企业产业空间转移过程中，大部分企业可以通过在产业迁入地投资建厂，并直接购买制造设备的方式来减少大规模的物理迁移，有利于降低产业空间转移的成本。

（3）回归结果表明，产业迁入地的劳动力数量对产业空间转移吸引力大小的影响是正面的，劳动力数量增长一个单位，对应的吸引力增加 0.781 2 个单位。充足的劳动力数量是保证代工制造类企业正常生产的关键因素，在劳动力数量大于需求的情况下，劳动力成本较低，而低廉的劳动力成本可以降低生产的总成本。

人力资源是 21 世纪企业发展的核心竞争力，不论是高端产业还是低端制造业，它们都需要人才去管理和经营，企业也非常重视对人才的吸收和培养。从本书对劳动力数量的研究结果来看，劳动力数量能提高外商的投资力度，所以培养和充分利用高素质人才是企业和地区经济发展的重要环节。地区吸引人才，并留住人才，有利于当地形成良好的投资环境，从而促进外资企业的投资力度。

（4）回归结果表明，产业迁入地的资源禀赋对产业空间转移吸引力大小的影响是正面的，资源禀赋增长一个单位，对应的吸引力增加 0. 246 2 个单位。资源禀赋是企业在一个国家或地区运营的基础条件，包括自然资源、人力资源、社会资源以及城市基础设施等。

对于代工制造类企业而言，降低企业生产成本是所有企业共同的效益目标，资源禀赋对生产成本的影响巨大，资源禀赋强的地区，其原材料、土地和劳动力等要素可以维持当地产业发展的需要，比较优势更明显，对降低生产成本具有促进作用。

制造业的发展对原材料有很大的需求，丰富的资源可以为制造业提供夯实的物质基础。充分利用产业迁入地的资源禀赋优势，可以为迁入企业解决要素不足和成本过高等问题，而企业的迁入也可以促进当地经济的发展。因此，对于具有资源禀赋优势的地区，代工制造类企业投资该地区的概率更高。

（5）回归结果表明，台商的产业集群度对产业空间转移吸引力大小的影响是正面的，产业集群度增长一个单位，对应的吸引力增加 0. 473 9 个单位。一般情况下，产业集群度越高的地区，表明该地区的产业发展越稳定，对于台湾企业来说，它们在进行转移之前，必然会考虑其他代工制造类企业在该地区的经营发展情况，以此作为是否迁入该地区的衡量指标。

从实际情况分析，代工制造类企业分地区的产业集中度如图 6 - 5 所示。从图中可知，珠三角和长三角地区的制造业一直都是聚集发展状态，随着代工制造类企业的不断转入，以及对工业园、开发区以及科技园等的建设，产业聚集越来越明显，越来越多的企业集中进驻同一区域，形成产业配套程度高的产业群和企业群。聚集效应不但可以增强外来企业对该地区的投资信心，还能扩大外来企业对该地区的投资力度。

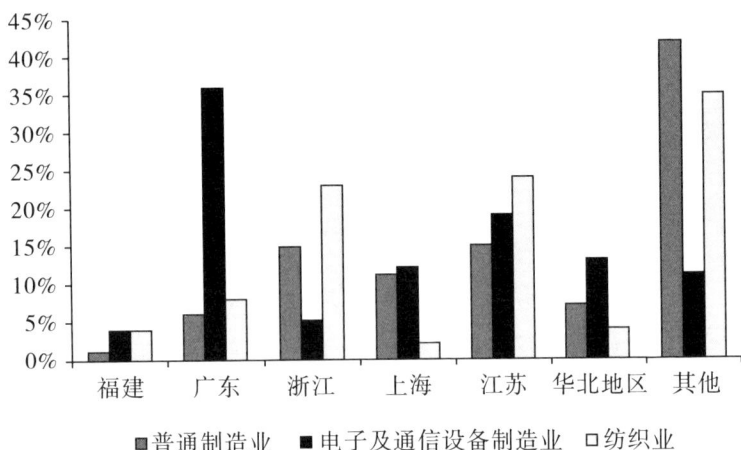

图 6-5　代工制造类企业分地区产业集中度

数据来源：根据全国及各省市统计年鉴各年资料整理计算。

综合以上对产业集群度的研究分析，产业集群度对代工制造类企业产业空间转移影响显著。产业集群度高的地区表明该地区相关产业链的发展成熟，上下游企业之间的关联度高，因此，产业集群度已经成为吸引代工制造类企业产业空间转移的主要指标。代工制造类企业在转入新的地区的时候，不仅同一产业会聚集在同一地区，相关产业也会慢慢地迁入该地区。

（6）回归结果表明，产业迁入地的社会环境对产业空间转移吸引力大小的影响是正面的，社会环境增长一个单位，对应的吸引力增加 4.212 3 个单位。产业迁入地的社会环境主要受国家和地区的政治、经济和法制建设等影响。一般情况下，政局稳定和法制建设完善的国家或地区，其经济发展正处于成长期。为了促进当地产业链发展，在当地塑造一个有利于产业发展的社会环境，当地政府就会努力通过招商引资的政策吸引更多企业迁入。

社会环境与社会政治因素、经营管理水平、投资环境以及生态环境等因素有关，它们之中的任何一个因素发生变化，都会影响企业的经营方式、市场范围及规模等。对于本书的研究对象，代工制造类企业之间形成的是一条庞大的产业链，要对该产业链进行有效的管理，社会环境的影响很大，因为社会环境是企业和人共同生存的依附。

综合上述对社会环境的研究分析，地区的政治稳定性和管理水平等越高，说明当地的社会环境越好，对待转移产业的吸引力越大，而且企业在该地区的发展趋势也会越稳定。因此，社会环境优势越明显的地区，投资者投资该地区的概率越大，所以投资区域的良好社会环境是吸引企业迁入的重要因素。

（7）回归结果表明，产业迁入地的技术水平对产业空间转移吸引力大小的影响是正面的，技术水准增长一个单位，对应的吸引力增加 2.022 2 个单位。在改革开放初期，代工制造类企业产业空间转移主要考虑的因素是劳动力成本，大部分企业都是向劳动力低廉且充裕的地区转移，但是随着科技的发展，企业渐渐从劳动密集型产业转向技术密集型产业，代工制造类企业对技术和人才的要求也越来越高，而不仅仅是只注重劳动力成本单个影响因素。

先进的技术是企业提高生产效率、增加经济效益的核心因素，要保证企业在整个行业中的地位，就必须依靠企业自身的技术优势。由于本书的研究对象主要是代工制造类企业，所以技术水平主要体现在生产过程中，面对低成本的效益目标，采用标准化的非人工制造可以促进产品的生产效率，并提升产品的质量标准，降低人为的失误带来的损失。

综合上述对技术水平的研究分析，为促进当地产业的发展，当地应该重视对技术、教育和科研等领域的投入，在核心问题上改善当地的弱势，为企业的迁入提供良好的基础性条件。因此，技术水平优势越明显的地区，越有利于代工制造类企业的发展，对代工制造类企业产业空间转移吸引力越大。

（8）回归结果表明，产业迁入地的家族传承对产业空间转移吸引力大小的影响是正面的，家族传承增长一个单位，对应的吸引力增加 0.308 0 个单位。由于代工制造类企业（以台商为典型代表）大多数属于家族企业，对当地新的经营管理方式没有完全采纳，且它们对企业的所有权、控制权和经营权都很重视。对于代工制造类企业而言，其业务范围和厂区规模都较大，通过家族人士的经营管理可稳固企业自身的发展。

综合上述对家族传承的研究分析，家族传承作为代工制造类企业产业空间转移的度量标准之一，是代工制造类企业（特别是台商企业）特有的性质，其经营模式也会随家族传承的影响而发生相应的变化。因此，对家族传承影响越大的地区，代工制造类企业越会选择转移至该地区。

7 产业空间转移的未来发展

本书在整理产业空间转移相关文献的基础上，进行实证分析，构建概念模型，得出产业空间转移的影响因素，即动因因素、社会关系网络因素、政策因素。基于统计数据，将因果关系图构建成产业空间转移的系统流图，通过系统动力学建模的方式，模拟与仿真得到亚洲代工制造类企业产业空间转移路径规律的相关启示。

（1）在亚洲代工制造类企业（以台商为典型代表）产业空间转移初期，资源禀赋、市场需求、劳动力是基本吸引力。初期阶段，台湾代工制造类企业迁移到大陆时，台商集聚现象明显。同时，相关的产业政策有很大的聚集作用，加大税收转移支付能力，可以帮助台商减少迁移成本，打造良好的基础配套设施环境，能够有效地吸引台商的入驻。

（2）在产业空间转移的中期，随着代工制造类企业（以台商为典型代表）的逐渐迁入，丰富的资源禀赋、低廉的劳动力价格与大量的市场需求等优势不再明显，这大大影响了代工制造类企业持续有效的发展。所以随着产业空间转移进程的加快，应该更加重视发挥技术和资本的聚集作用。此外，基础设施和产业配套设施建设也对代工制造类企业产业空间转移有一定的影响，随着代工制造类企业的增多，当地的产业水平逐渐提高，因此，各级政府应加强基础设施建设，改善产业环境，使所有的代工制造类企业尽可能享受政府提供的优惠政策，尽可能降低经营成本，从而创造良好的外部环境。

（3）在产业空间转移的后期，代工制造类企业（以台商为典型代表）的运营成本大于所获得的收益，发展优势不再明显，企业开始向外迁移。随着企业数目的下降，影响企业迁移的关键因素也回归到平衡点，产业在当地区域的发展变化逐渐走向平稳，企业数目也达到稳定水平。迁出的代工制造类企业以同样的规律转移到下一区域，以此形成了企业产业空间转移的路径。

在代工制造类企业（以台商为典型代表）产业空间转移的进程中，首先以东莞为中心的珠三角地区以其较好的产业配套基础优势，承接了电子信息产业，成为全球新的计算机配件的产业集聚地；其次以苏州昆山为中心的长三角地区以其高新技术水平优势，承接了以高科技电子信息技术为主体的产业；最后以越南为中心的东南亚地区以其特有的资源环境优势，承接了代工制造类企业新一轮的产业空间转移浪潮。

在代工制造类企业（以台商为典型代表）产业空间转移过程中，影响产业空间转移方向的因素在各个阶段的影响程度大致相同，这主要由代工制造类企业（以台商为典型代表）的性质和原生企业当地的文化习俗决定，包括产业集群、劳动力、家族传承等，由此说明代工制造类企业的发展，是一个在严峻环境挑战下的探索过程。

根据本书研究的目标和意义，通过对代工制造类企业（以台商为典型代表）产业空间转移过程进行文献分析、实证分析、系统动力学研究和引力模型分析，得出了代工制造类企业（以台商为典型代表）产业空间转移过程中不同阶段的特点、影响因素以及转移方向。同时，从本书的研究和分析中可以发现，在产业空间转移和发展历程中仍然有提升的空间，所以从实际问题出发，本书认为代工制造类企业产业空间转移的发展可以通过以下建议进行优化。

7.1 对产业迁出地的建议

（1）预防产业迁出地的空心化。

产业空间转移的过程是将一个适合于当地发展的企业，移到其他的地方，这意味着本地的产业将会有所减少，对产业链的完整度有一定的影响，所以代工制造类企业产业空间转移实际上是一个冒险的行为，容易导致产业迁出地的空心化问题。为了避免代工制造类企业在产业空间转移过程中面临过多的风险，产业迁出地的地方政府应该建立合理的产业规划机制，通过当地的产业链发展分析确定关键产业的重要性，在企业面临发展瓶颈的情况下，通过制定合理的政策，以最低的要求保证产业迁出地产业链的完整，使关键产业能够在当地继续生存。产业迁出地政府在制定政策时，可以加强对技术的投入，促进技术的进步以满足制造业发展所需要的劳动力需求，保证企业运营的基本劳动力需求。

（2）优化产业空间转移效率。

前文提到，产业空间转移过程是一个漫长的学习和探索的过程，在这个阶段中，产业迁移必然会出现效率低下的问题，给代工制造类企业的前期发展带来过大的成本负担，所以优化代工制造类企业产业空间转移效率是非常重要的。

首先，产业空间转移的发展研究已经取得了一定的理论成果，这些理论成果可以为产业空间转移提供决策依据；其次，可以成立专门的产业空间转移研究组，对产业迁入地进行分析，以相对可靠的可行性分析研究结果来决定产业空间转移方向；最后，可以建立数据分析服务系统，以精确分析产业空间转移的模拟效果，保证产业空间转移的效率。

（3）保证产业链结构的合理性。

产业空间转移的发展离不开对产业结构的依赖，在产业结构合理的地区，整个产业链的各个企业的发展都会比较稳定，因为合理的产业链结构在无形之中形成了一个良好的产业发展环境。作为劳动密集型的代工制造类企业，在进入一个新的地区时，不管是劳动力还是上下游的产业，都发生了变化，它们直接影响代工制造类企业的生产过程，所以只有保证产业链结构的合理性，才能保证企业在产业迁入地稳定发展。通过不断加强各个产业的合作与协调发展，形成良好的竞争环境，从而改善产业链的结构。

7.2 对产业迁入地的建议

（1）完善产业对接发展机制。

在一个新的产业迁入的过程中，企业的发展必然会因为环境的改变而受到不利的影响，同理，对于代工制造类企业产业空间转移也一样。就像海底隧道的合龙过程，一旦对接不成功，将会给整个系统环境带来巨大的负担。所以，对于台湾代工制造类企业而言，必须尽可能地实现完美对接。在产业空间转移的各个阶段，建立和完善产业迁入地的产业对接发展机制，是促进产业空间转移发展的基础保障。在产业对接发展机制的建立和完善过程中，产业迁入地政府的角色至关重要，因为政府可以保证产业迁出地和产业迁入地之间的信息对称；同时政府可以调控整个产业的发展，通过扩大市场的规模和开放程度，建立符合代工制造类企业发展的承接机制，这将大大促进迁入产业的发展速度，从而促进当地产业经济的发展。

（2）加强产业集群建设。

通过研究分析可以发现，产业集群是代工制造类企业（以台商为典型代表）发展的重要影响因素。在企业实际的发展过程中，产业迁入地的基础设施建设需要加强，因为产业以聚集的趋势迁入的前提是当地的基础设施可以保障迁入企业的正常发展。同时，迁入企业可以通过与当地政府机构进行协商，以促进当地经济的发展和提升当地人们的生活水平为依据，对工业园区的规划提出合理的建议，保证企业能够在一个产业集群度高的区域内发展，形成一个产业发展的良好环境，从而实现产业承接。

7.3 展 望

本书对代工制造类企业（以台商为典型代表）产业空间转移路径规律的研究具有一定的理论与实际意义，但未来还可以从以下几个方面进行更深入的研究：

（1）本书选取的对象主要是代工制造类企业（以台商为典型代表），通过特定的行业对产业空间转移路径规律进行研究，未来还可以对其他高科技产业和新兴产业进行研究，为其他产业的发展提供合理的转移方向，以提升非传统行业的发展速度。

（2）本书以中国珠三角、长三角和东南亚为代表对产业空间转移进行研究，未来可以中国和东南亚各个地区的产业空间转移为研究对象，以增强企业产业空间转移方向研究的精确度。

（3）本书主要以代工制造类企业（以台商为典型代表）过去数十年的产业空间转移为研究背景，通过分析过去的转移现象找出产业空间转移的规律。未来可以研究产业空间转移路径，通过选择合理的预测和分析工具，对企业产业空间转移的方向进行预测和分析，为找到产业空间转移的产业迁入地提供决策依据。

附　录

广州市大新光电珠宝有限公司的质量管控案例

一、广州市大新光电珠宝有限公司

广州市大新光电珠宝有限公司（以下简称"大新公司"）是一家台商独资的股份制企业，隶属于台湾大舜企业集团，是一家以专业生产各种太阳眼镜、工业劳保眼镜、电子产品以及各种液晶背光板产品为主的国际性生产厂家和出口商，是大舜企业集团众多海外投资中较为成功的一家企业。厂区占地面积 100 余亩，拥有工业眼镜部、太阳眼镜部、电子部、导光部四大部门，如图 1 所示。

图 1　大新光电珠宝有限公司的厂区

公司现有从业人员 1 400 多人，涉足眼镜业至今已有 20 多年的历史，主要产品由最初单一的太阳眼镜，发展到现有的劳动保护镜、司机驾驶镜、休闲偏光镜、电脑防护镜、LED 挂灯型眼镜、防爆手电筒、家用手电筒以及液晶背光板等十大系列，数万个款式品种。目前公司年产量 300 万打左右，产品全部外销，以欧美市场为主，遍及世界各地。原材料的采购以进口和在大陆采购为主，并积极引进外资协力厂商来本地投资，同时也培养了一批内地企业。

自成立以来，大新公司始终把创新和质量当作自己的生存之本，用于研发的资金占全年利润的 25%，众多产品获得中国和国际专利，并且不断采用新材料，积极引进新设备，不断推行新工艺，使公司在出口额、利润、税款等方面都逐年攀升。大新公司生产的眼镜在防冲击、防撞击、防破裂方面要求非常严格，因为只有这样，才能起到保护的作用。由于这一特殊市场定位，大新眼镜严格按照欧洲规定的质量标准，建有自己的光学实验室和研发部，分别针对眼镜的研发试制、半成品检验、首件检测以及成品检测等环节开展一系列的品质管理工作。大新公司生产出的每副眼镜，以及眼镜的每个零部件都有标识码和唯一的识别码，所以在任何时候、任何地方，大新的每副眼镜都可以进行质量追溯。

总结多年的眼镜生产经验，大新公司已经建立起一套完善有效的质量管理控制标准，每一批量眼镜的生产都要经过试制取样、实验室测试、抽样检验等步骤，直至达到生产控制要求，才能最终开始量产。量产完成之后，大新公司还将按照公司制定的质量管理控制标准（又叫接受质量限，Acceptable Quality Level，简称 AQL）对成品进行抽样检验，保证最终的产出品达到国际高水平的标准，做到令客户百分之百满意。大新公司的眼镜生产严格按照生产流程出产，如图 2 所示，每一道质量检测关卡都严格把守。

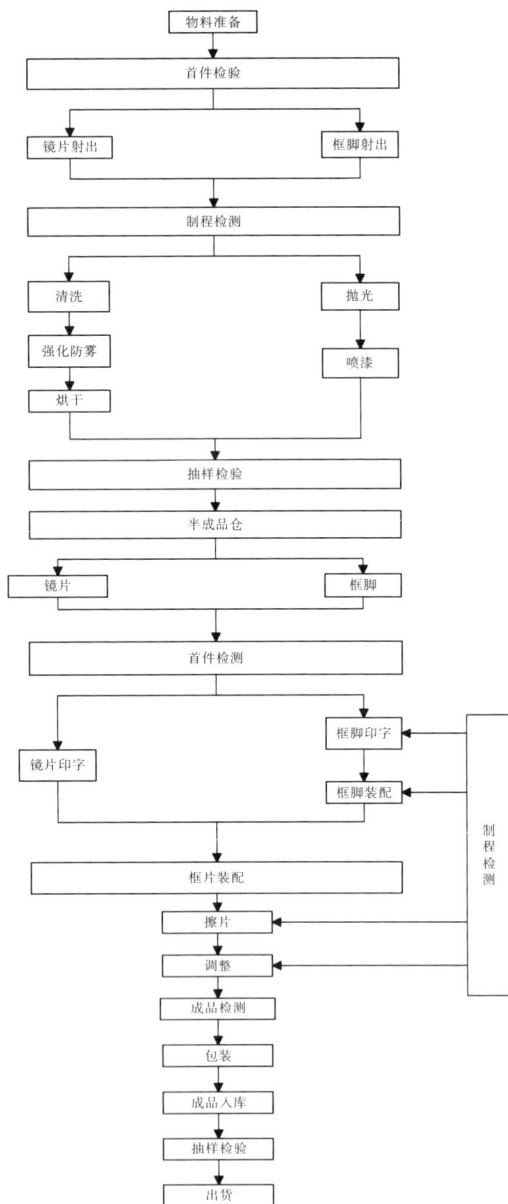

图 2　大新眼镜生产流程图

二、供应商倒逼的机会

2013 年 1 月 9 日星期六上午，大新公司按时召集各部门的负责人进行一周生产的总结与讨论。不同的是刚刚从台湾飞来的王庆祥也参加了这次晨会。王总一早便召集负责生产的李副总、负责品质管理的苏副总以及各部门的负责人在董事长办公室召开会议，主要商讨大新公司大客户之一的美国 3M 公司将要对大新眼镜质量进行考察评估一事。六十多岁的王总一脸慈祥地走到会议室，各负责人起身表示欢迎。他刚入座，几位高层管理人员就对公司这一周生产线的运行情况、产出品质量水平等进行了汇报。

王总仔细听着各负责人这一周的生产汇报，随手抓来身边一份议事项。他的神情突然变得有些沉重起来，"这是个大事情。"王总开口说道："3M 公司要我们加入他们的'六西格玛（6σ）质量管理'供应商库，要对我们进行质量评估。这个事情今天我们要重点讨论一下。"李副总应道："王总，这件事情我们也正想向您请示。"王总顿了顿，舒了口气："大家应该都听过'6σ 质量管理'标准，3M 公司现在要将其所有供应商的供给全部导入'6σ 质量管理'，我们也不例外。所以，我们如果想要获得继续同 3M 公司合作的机会，就必须达到它在这方面的要求。"在座的各位明白王总神情沉重的原因，一般企业的不良品率是 3 到 4 个 σ，以 3σ 而言，相当于每 1 000 个机会里，仅有 5 次以内的误差。如果企业达到"6σ 质量管理"水平，就等于几近完美地达成顾客要求，在一百万个机会里，只有 3.4 个瑕疵。

　　"那我们厂要不要应 3M 公司的要求导入'6σ 质量管理'？"李副总问道，会议室顿时静下来。望着窗外光影琉璃的变化，王总也陷入了深思。3M 公司对供应商提出的"6σ 质量管理"何尝不是大新公司自己想要达到的目标呢？然而想要达到这样的目标，困难不小。

　　"这样吧，今天各部门先回去收集信息数据，统计分析一下我们厂的眼镜现在的质量是个什么水平，距离'6σ 质量管理'有多远。厂里一直是按照欧洲标准来质检，这回我们也给换算下，看看我们是几个 σ。明天给我个结果，就由李副总负责这个事情吧。"

　　想要达到这一目标，就必须首先了解目前大新公司产出品的整体质量管理水平，以及眼镜生产各个流程的质量管理水平，然后对需要改进的流程进行区分，找到高潜力的改进机会，最后深入分析其管理滞后的原因并优先对其实施改进。

　　散会了，大家都回到了各自的岗位，忙碌的一天就这样展开了。李副总一个人留在了办公室，回想自己的专业知识，"6σ 质量管理"还真是个挑战呀。不管怎么样，首先得搞清楚自己工厂的实际情况。李副总的思绪拉扯着："工厂现在的质量管理水平算是高标准了，一直都是严格按照欧洲管理标准来进行质量控制的。难道还达不到'6σ 质量管理'要求吗？"

三、严格的品质管理标准

带着疑虑,李副总照例巡查着生产线。在镜片射出车间里,工人熟练地拿起镜片,近距离对光检查镜片是否出现波点、条纹、亮点等外观问题,将合格的良品通过统一的镜片挂钩放上流水线运输到下一个环节,而不良品和边料分类放入废料回收桶中,随后进行回收利用。宽敞明亮的装配车间里,流水线工人正在熟练地进行型号 PF155 的抗冲击防护眼镜的装配工作。每条流水线的末端都会有一个穿着红色衣服的质检员在进行质检。这样就粗略地把一些质量不合格的半成品、成品过滤掉了。马上就要到 10 点钟了,品质管理部门的质检员会到组装车间,从装配好的 PF155 抗冲击防护眼镜中按照抽样数目的要求随机抽取一批成品,这些成品是要拿到品质管理部门的检测中心作为检验样本的。抽取样本是每天例行工作的一部分,品质管理部门的质检员每 2 个小时就要到组装车间进行一次成品取样。

品质管理部门对大新眼镜各个生产工序中的产出品进行严格的质量把关,工厂每完成一个订单的生产都会从成品中按照 MIL – STD – 105E(美国军用标准)的取样标准抽取一批样本送到检测中心进行检验。品质管理部门的日常工作就是按照工厂规定的标准检验程序对这些成品样本按时按量进行检验。

这批产品是一个欧洲客户下的订单,订单的数量是 7 928 打。这批眼镜主要用于金属切割这类会产生高速冲击粒子的生产作业,对眼镜的抗冲击性要求很高,尤其是瞳孔对应的镜片部位。

若镜片有质量问题，一旦在生产作业时有高速粒子冲击镜片，将对操作人员的眼部造成巨大损伤。根据工厂的产品检验管理规范及客户要求，检验中心将这批产品的检验水平定为"Ⅱ"级；眼镜镜片直接与产品的安全性和功能性有关，合格质量水准（AQL值）定为 0.065；眼镜脚架部分的质量缺陷与其外观和结构相关，不影响产品的安全性及性能，合格质量水准定为 0.15。在质检员去组装车间对这批产品进行取样之前，检验中心就根据这些标准确定了它的总样本量大小、接收数（Ac）及拒收数（Re），质检员则严格按照这一数据对成品进行取样和记录。

PF155 抗冲击防护眼镜的样本拿到检验中心后，质检员就会立即从样本中取出一副眼镜开始做光学方面的检验，几分钟后光学方面的所有检验完成。紧接着，这个通过了光学检验的样本就要开始进行防雾检验和摩擦测试，得到了满意的检验结果——两项都合格后，还要对这个样品继续做高速粒子冲击检验。质检员将样本佩戴在标准头模的眼睛上，然后将模具放入检验设备中，将设备的防护盖盖好后就正式开始检验。一声猛烈的撞击声过后，镜片上对应瞳孔的部位出现一个小凹点，但没有丝毫的裂痕，这就是完全符合检验标准的产品。

PF155 抗冲击防护眼镜这批产品从开产到结产估计总共要两天时间，这两天中品质管理部门的质检员每两小时就会去组装车间取样一次，然后按照标准检验流程对样本逐个进行检测，最终总样本的检验结果符合公司标准，产成品才能全部包装入库。

李副总一边巡查一边梳理着工厂质量管理的整个过程。

大新公司的日常生产都是很稳定的，自工厂投产以来产品质量都没有出现过大问题。很多工人也经验丰富，工厂的文化积极向上，氛围和谐，薪资也不错，很多人一干就是很多年。比如镜片生产的强化清洗过程，李副总通常都是不过问的，药水、室温的控制等都是由经验丰富的领班去做。李副总相信他们，同时也是因为强化清洗车间的特殊性，多一个人进去就多一些污染，这会影响镜片的品质。但是这个生产环节也是镜片生产最关键同时出现损耗最多的环节。李副总想着，不禁来到强化清洗车间，换上了特制的防护服，今天要进去看一看。

四、产品质量瓶颈分析

强化清洗车间中，工人们穿着专门的防护服有条不紊地工作着，镜片的强化清洗过程如图 3 所示：

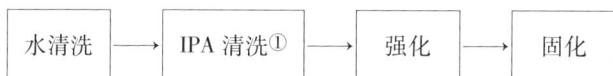

水清洗 → IPA 清洗① → 强化 → 固化

图 3 大新眼镜镜片强化清洗的工作流程

见李副总过来巡查，工作中的小张主动过来打招呼。李副总先是上下打量了一番工人的着装穿戴是否符合要求，然后一一检查每条生产线强化清洗后新出的镜片。室内仪器、容器内药水，

① 是指利用 IPA（异丙醇）蒸气进行脱水干燥的清洗工艺，工艺包括洗涤、漂洗、脱水、干燥四个流程。

李副总都仔细查看。好大一会儿，李副总才从充满药水气味的强化清洗车间走出来。

"强化清洗的所有因素我们都特别注意，为什么耗损率还是居高不下呢？从以往数据来看，这恐怕是我们厂质量管理的瓶颈。"李副总思考着。

巡查完车间，李副总来到办公室，正巧车间科长小张在用电脑统计 12 月份的原料损耗表，李副总拿起镜片强化清洗这一工序的损耗表仔细端详了起来。一款欧规防雾镜片引起了李副总的注意，与其他型号的镜片损耗率均保持在 5% 左右不同，这一款镜片的损耗率达到了 7.91%，超过工厂对这一类型产品的统一规定——7%。李副总的眉头一紧，向小张问道："还有没有和这一型号同等质量要求的镜片的原料损耗表？"小张立即在电脑中调出了近期的相关数据，一边交给李副总，一边解释道："李总，这类欧规防雾镜片对模具和强化清洗工序的要求高，因此损耗率一直很高。"

"欧规防雾镜片是我们近几年接触的新产品，它本身的品质要求高，所以打开这一款产品的市场存在着难度。原材料损耗表上，这款镜片的损耗异常。其实不光是这款镜片，几乎所有镜片在强化清洗阶段出现的损耗都是最大的。要想整体提升工厂的质量水平，恐怕要在这一工序好好做文章。"于是，李副总让小张根据 12 月份各车间生产的所有欧规防雾镜片的强化清洗的损耗率数据进行统计分析，给出一个质量控制水平。

根据控制图的理论和使用方法，小张采用随机抽样的方法在12 月份生产的 22 组不同型号的欧规防雾镜片中随机等比例抽取了部分镜片作为分析和计算的样本，具体数据如表1、表2所示。

表1 12月份欧规防雾镜片强化清洗工序损耗原始数据

型号	剪片，良品/强化（打）	总入库量（打）
8C/7	9 827	9 411
8CPX/2	7 403	7 012
8CPX/6	8 768	8 346
9. 25C/4	9 792	9 405
AL026/11	9 753	9 437
AL026/12	6 451	6 191
AL026/13	6 592	6 255
AL026/14	8 895	8 514
AL026/2	13 496	13 028
AL026/3	18 192	17 689
AL026/6	11 982	11 567
AL026/9	14 925	14 301
DK1/1	13 635	13 635
DK1/6	15 167	14 806
TF12/11	6 772	6 368
TF12/18	10 974	10 316
TF12/19	15 789	14 920
TF12/20	7 169	6 630
TF12/21	13 577	12 739
TF12/22	7 909	7 369
TF12/23	12 462	11 646
TP249	11 298	10 404

注：一打为12副。

表2　12月份欧规防雾镜片清洗强化工序损耗抽样表

型号	剪片, 良品/强化（打）	总入库量（打）
8C/7	491	471
8CPX/2	370	351
8CPX/6	438	417
9.25C/4	490	470
AL026/11	488	472
AL026/12	323	310
AL026/13	330	313
AL026/14	445	426
AL026/2	675	651
AL026/3	910	884
AL026/6	599	578
AL026/9	746	715
DK1/1	682	682
DK1/6	758	740
TF12/11	339	318
TF12/18	549	516
TF12/19	789	746
TF12/20	358	332
TF12/21	679	637
TF12/22	395	368
TF12/23	623	582
TP249	565	520

注：一打为12副。

　　根据抽样数据，小张运用专业统计软件 SPSS 绘制了清洗强化工序的损耗率控制图，如图4所示。通过观察控制图，负责人小张发现在上周出产的所有型号的欧规防雾镜片中，TP249 这款型号的欧规防雾镜片的损耗率超出了控制上限，属于损耗率异常。根据控制标准，下一步需要将这款镜片从样本中剔除，再重新绘制强化清洗工序的损耗率控制图。

控制图：不良品数

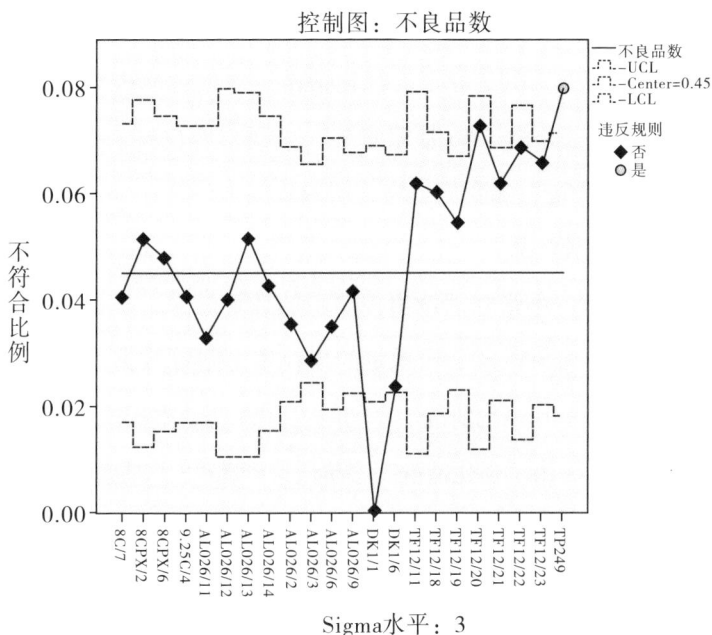

Sigma水平：3

违反规则

型号	违反规则点
TP249	大于+3 Sigma

1个点违反控制规则。

图 4　强化清洗工序的损耗率控制图（第一次）

于是小张对之前的数据进行重新整理之后，再次绘制出控制图，这次的结果显示所有抽样样本的损耗率均处在控制上限以内，即得到了稳定的镜片强化清洗工序损耗率控制图，这一控制图将成为接下来镜片强化清洗工序的日常控制标准。

小张立即将得到的结果拿给李副总看。

五、认清自身，未雨绸缪

李副总现在得到了稳定的强化清洗工序损耗率控制图，可是他想到了3M公司的"6σ质量管理"。"既然客户要求我们的产品质量水平达到6σ，那我们也应该明确现在工厂是几个σ的产品质量水平。"李副总说。

"这不难。"小张立即调出控制图的计算结果，根据控制图中的样本损耗率均值以及公司规定的损耗率上限等数据（如表3所示）计算出了镜片强化清洗工序的能力指数 C_P，根据能力指数 C_P，小张进一步计算出了强化清洗工序阶段达到3σ产品质量水平。

"3σ？"李副总沉默了。

表3　工业眼镜强化清洗工序损耗率标准

（单位：%）

镜片类型	25打以内	500打以内	500～2 000打	2 000打及以上
成型片	8	6	5	4%
裁型片	6	4	3	2%
普通防雾	9	8	7	6%
欧规防雾	12	9	8	7%

王总交代的事情也算完成了，但是李副总闷闷不乐起来。

次日，各部门的负责人都齐聚在了会议室。欧规防雾镜片强化清洗工序损耗率的统计分析资料就摆在了王总的办公桌上，王总看完分析资料，感慨良多："美国3M公司对我们最终的成品的质量水平提出了6σ的要求，而目前欧规防雾镜片强化清洗这一工序上的质量水平只能达到3σ。各位有什么想法？"

"不然就干脆放弃吧，不入库了。"

"按理说我们现在的质量水平已经很高了，6σ实在有点苛刻。"

…………

"你们说的也有一定的道理，但是从1992年建厂到今天，严格的质量控制，不断地创新挑战，是我们成功的原因。这些年我们也是在不断地提高自己。我们不断采用新材料，积极引进新设备，不断推行新工艺，使得公司在出口额、利润、税款等方面都逐年攀升，还获得'广州市出口先进单位'等成就和荣誉称号。但是这些成就和荣誉只能说明过去，新的市场要求我们要更加精益求精，提供更好的产品。我相信我们是一个承受得起挑战的企业。这一次也一定行。"

王总一番话激励了大家。公司的法人代表苏副总带头鼓掌表示支持王总主张，会议室里传出了响亮的掌声。

"既然已经决定要入选美国3M公司'6σ质量管理'供应商库，那么今天大家就先集思广益，找一下损耗率最高的强化清洗工序的次品原因吧，并提出改进的措施，争取把我们的质量水平提升到更高一层台阶。"李副总说道。

六、分析原因，迎接挑战

"是啊，强化清洗工序对我们的产品品质至关重要，对于降低成本提高合格率更是如此，大家就都说说看"，王总首先起提。

"药水是最主要的影响因素。防雾、强化所使用药水的黏稠度、化学颗粒的大小影响浸泡过程，同时也影响烘干。我们的强化用药水是可循环利用的，过滤后药水中可能掺有微小杂质。这几年在强化清洗车间出现问题最多的地方就在这些方面。"在工业部一干就是 8 年的王主管第一个发言。

"是这样的，我们的操作人员都是经过良好的训练然后上岗的，平日十分注意清洁工作，但无尘室还是有微小粉尘的影响，无法避免。"

"但是为什么完全自动化的三车间的强化品质就会比一车间的要好呢，我觉得人员操作和清洁问题也是影响损耗率的原因，不能忽视。"

"二车间之所以强化品质会好一些，跟镜片的类型也是有关系的吧。由于完全自动化生产线不能做固化烘干，因此二车间强化不添加防雾功能，而防雾功能的强化是最棘手的。况且现在防雾水准又增加了欧规，欧规防雾镜片是我们厂刚引进的，因此经验技术还不纯熟也是原因之一吧。"

大家渐渐打开了话匣子，你一言我一语，畅所欲言，尽情表达自己的观点……

"总的来说，影响最大的还是药水问题，在药水问题上下点功夫。"王总听完大家的发言后总结道。

　　会后，文员小李根据这次会议总结的强化清洗工序耗损率高的原因，画出了因果图（见图5），并调查了多批强化清洗后镜片出现问题的情况，评价了各因素对损耗率的影响程度。

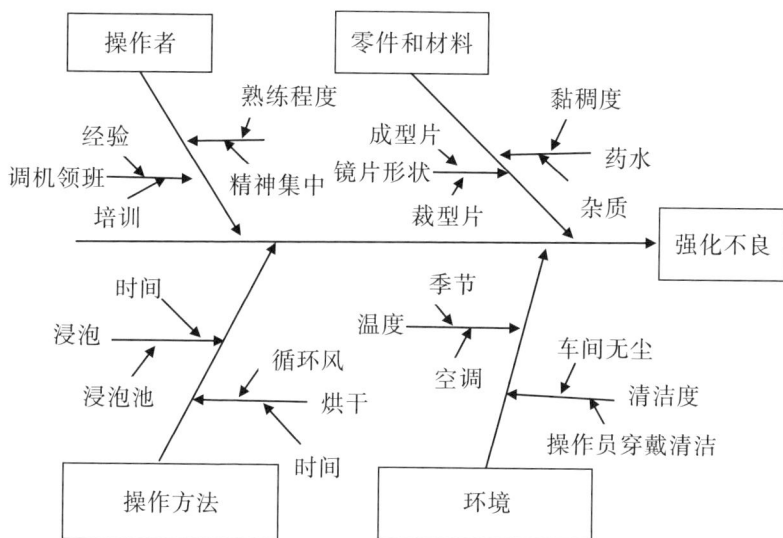

图5　镜片强化清洗工序损耗率问题的因果分析

　　药水对损耗率的影响是最显著的，药水的黏稠度、药水化学颗粒的大小、药水过滤后掺进的微小杂质等都会对损耗率有影响。微小杂质凭肉眼是看不到的，但是在镜片浸泡过程中由于液体的张力原因，会造成镜片上的沙眼扩大化。在固化阶段，也即镜片烘干工序中，药水也会产生影响，黏稠度不好的药水会聚集在一点，烘干时的高温会使之发生爆裂。因此，工厂在进行药水采购时，要尽量采用高品质药水。

另外，由控制图可以看出，型号 TP249 的损耗率超出了控制上限，出现异常情况。根据原始数据，型号 TP249 对应的产品均为成型片，成型片没有后期剪裁的余地，因此比裁型片强化合格率要求更高。

就在这样一个无风又无雨的日子，在大新公司的会议室里，在高瞻远瞩、勇于挑战的王总的带领下，大新公司做出了这样一个决定：接受美国 3M 公司"6σ 质量管理"评估。

高水准的质量控制一直是大新眼镜制胜的法宝，新的市场新的挑战，相信大新公司一定可以凭借着创新和挑战的勇气，占据高质量的鳌头，走向更远的未来。

附一　工业用眼护具技术指标

一、耐用性能

1. 抗冲击性能

对于普通的用于抗冲击的镜片及眼护具，国家标准规定都应能够经受直径为 22mm、重约 45g 的钢球从 1.3m 高度自由落下的冲击。

2. 耐热性能

国家标准规定为把试样放入温度为 67℃±2℃ 的水中，保温 3min 后取出，立即放入 4℃ 以下的水中，取出后对其进行光学性能试验。按该方法测试后，应无异常现象出现，镜片光学性能在规定范围内无变化。

3. 耐腐蚀性能

眼护具金属组件的耐腐蚀性能试验，首先清除其黏附物，然后浸入质量分数 10% 的氯化钠沸水溶液中，浸泡 15min。从此溶液中取出，再浸入质量分数 10% 的氯化钠常温水溶液中，浸泡 15min，取出后勿擦除黏附液，放在室温下干燥 24h，然后用温水清洗，并待其干燥。视表面有无氧化现象。按规定方法测试后，眼护具的所有金属部件应呈无氧化的光滑表面。

4. 有机镜片表面的耐磨性能

对于采用有机材料制成的眼护具来说，其镜片需要满足国家标准规定的有机镜片表面的耐磨性能。

二、光学性能

1. 棱镜度

棱镜度指通过一个光学系统，物体的视位移与该物体距离之比的 100 倍。单位：cm/m。不该有的棱镜度产生后，会使佩戴者出现视觉疲劳，引起佩戴者头晕、心悸、呕吐，长期佩戴，尤其是儿童长期佩戴，会诱发斜视，甚至引起弱视。

2. 屈光度

屈光度是表征光学系统汇聚或发散光束能力的量。其值为光学系统焦距的倒数。单位：1/m。光线由一种物体射入到另一种光密度不同的物质时，其光线的传播方向产生偏折，这种现象称为屈光现象，表示这种屈光现象大小（屈光力）的单位是屈光度。

3. 可见光透射比

可见光透射比指透射光和入射光强度之比。可见光透射比越高，则采光系数越好。

三、防护性能

1. 防高速粒子冲击性能

主要是用来表示眼护具预防铁屑、泥沙、碎石及其他高速异物进入眼中引起伤害的性能指标。国家标准规定用于防护高速粒子冲击的眼护具应能承受直径为 6 mm、重约 0.86g 的钢球以表 1 中给出速度的冲击。防高速粒子冲击眼护具必须带有侧面防护。

表1　高速粒子防护要求

眼护具种类	钢球冲击速度		
	低速（L）45m/s	中速（M）120m/s	高速（H）190m/s
眼镜	适用	不适用	不适用
眼罩	适用	适用	不适用
面屏	适用	适用	适用

按规定的方法测试后，不应发生下列缺陷：

（1）镜片破损；

（2）镜片变形；

（3）眼护具框架破损；

（4）侧面防护失效：如果侧面防护部分碎裂为两部分或更多部分，或让钢球完全穿透，或其部分完全从眼护具脱离，或其零件部分脱离，则认为防护失效。

2. 熔融金属和炽热固体防护性能

冶炼、铸造、焊接等作业场所存在熔融金属和炽热固体飞溅危险，一般眼护具无法提供有效防护，对于这种情况国家标准规定了该特殊场所下使用的眼护具技术要求。对熔融金属防护，要求将温度为1 450℃±20℃、质量为100g的铸铁球在250mm处释放至镜片上，要求镜片无熔融金属黏附或破损；对炽热固体防护，国家标准要求将直径为6.5mm的钢球加热至1 030℃，放置于镜片表面，在7s内不完全穿透镜片。

3. 化学雾滴防护性能和刺激性气体防护性能

农业、化工、制药等行业中多存在易挥发化学品，这些场所中使用的眼护具应具有对化学雾滴和刺激性气体的防护性能。国家标准中以酚酞雾滴模拟化学雾滴，要求眼护具能够在 20ml/min ~ 30ml/min 的酚酞喷雾环境中 10s 内保证其内部的试纸不发生变色反应；以氨气为代表研究眼护具对刺激性气体的防护性能，要求眼护具在氨气环境中能够在 5min 内保证其内部试纸不变色。

4. 粉尘防护性能

某些作业环境中存在的粉尘有沾染眼部的危险，尤其是在一些化工行业中。在新的国家标准中，提出了眼护具粉尘防护性能的性能指标和测试方法：使用发尘柜，以符合表 2 规定的煤粉为介质，用光电反射计测量试纸在粉尘试验前后的反射率之比，要求反射率变化低于 20%。

表 2　煤粉粒径分布

滤网的额定网孔径（μm）	通过率（%）
250	95
125	85
90	40

附二 大新光电珠宝有限公司质量管理体系

表 1 不同批量产品的抽样方案及允收水准表（QC - 743 - 01）

批量范围	特殊检查水平				一般检查水平		
	S - 1	S - 2	S - 3	S - 4	Ⅰ	Ⅱ	Ⅲ
2 ~ 8	A	A	A	A	A	A	B
9 ~ 15	A	A	A	A	A	B	C
16 ~ 25	A	A	B	B	B	C	D
26 ~ 50	A	B	B	C	C	D	E
51 ~ 90	B	B	C	C	C	E	F
91 ~ 150	B	B	C	D	D	F	G
151 ~ 280	B	C	D	E	E	G	H
281 ~ 500	B	C	D	E	F	H	J
501 ~ 1 200	C	C	E	F	G	J	K
1 201 ~ 3 200	C	D	E	G	H	K	L
3 201 ~ 10 000	C	D	F	G	J	L	M
10 001 ~ 25 000	C	D	F	H	K	M	N
25 001 ~ 150 000	D	E	G	J	L	N	P
150 001 ~ 500 000	D	E	G	J	M	P	Q
≥500 001	D	E	H	K	N	Q	R

表2 一次抽样方案正常检查表（MIL-STD-105E）

代码	样本量	0.010	0.015	0.025	0.040	0.065	0.10	0.15	0.25	0.40	0.65	1.0	1.5	2.5	4.0	6.5	10	15	25	40	65	100	150	250	400	650	1000
		Ac Re	Ac Re	Ac Re	Ac Re	Ac Re	Ac Re	Ac Re	Ac Re	Ac Re	Ac Re	Ac Re	Ac Re	Ac Re	Ac Re	Ac Re	Ac Re	Ac Re	Ac Re	Ac Re	Ac Re	Ac Re	Ac Re	Ac Re	Ac Re	Ac Re	Ac Re
A	2	↓	↓	↓	↓	↓	↓	↓	↓	↓	↓	↓	↓	↓	↓	↓	↓	0 1	1 2	2 3	3 4	5 6	7 8	10 11	14 15	21 22	30 31
B	3	↓	↓	↓	↓	↓	↓	↓	↓	↓	↓	↓	↓	↓	↓	↓	0 1	1 2	2 3	3 4	5 6	7 8	10 11	14 15	21 22	30 31	44 45
C	5	↓	↓	↓	↓	↓	↓	↓	↓	↓	↓	↓	↓	↓	↓	0 1	1 2	2 3	3 4	5 6	7 8	10 11	14 15	21 22	30 31	44 45	↑
D	8	↓	↓	↓	↓	↓	↓	↓	↓	↓	↓	↓	↓	↓	0 1	1 2	2 3	3 4	5 6	7 8	10 11	14 15	21 22	30 31	44 45	↑	↑
E	13	↓	↓	↓	↓	↓	↓	↓	↓	↓	↓	↓	↓	0 1	1 2	2 3	3 4	5 6	7 8	10 11	14 15	21 22	30 31	44 45	↑	↑	↑
F	20	↓	↓	↓	↓	↓	↓	↓	↓	↓	↓	↓	0 1	1 2	2 3	3 4	5 6	7 8	10 11	14 15	21 22	30 31	44 45	↑	↑	↑	↑
G	32	↓	↓	↓	↓	↓	↓	↓	↓	↓	↓	0 1	1 2	2 3	3 4	5 6	7 8	10 11	14 15	21 22	30 31	44 45	↑	↑	↑	↑	↑
H	50	↓	↓	↓	↓	↓	↓	↓	↓	↓	0 1	1 2	2 3	3 4	5 6	7 8	10 11	14 15	21 22	30 31	44 45	↑	↑	↑	↑	↑	↑
J	80	↓	↓	↓	↓	↓	↓	↓	↓	0 1	1 2	2 3	3 4	5 6	7 8	10 11	14 15	21 22	30 31	44 45	↑	↑	↑	↑	↑	↑	↑
K	125	↓	↓	↓	↓	↓	↓	↓	0 1	1 2	2 3	3 4	5 6	7 8	10 11	14 15	21 22	30 31	44 45	↑	↑	↑	↑	↑	↑	↑	↑
L	200	↓	↓	↓	↓	↓	↓	0 1	1 2	2 3	3 4	5 6	7 8	10 11	14 15	21 22	30 31	44 45	↑	↑	↑	↑	↑	↑	↑	↑	↑
M	315	↓	↓	↓	↓	↓	0 1	1 2	2 3	3 4	5 6	7 8	10 11	14 15	21 22	30 31	44 45	↑	↑	↑	↑	↑	↑	↑	↑	↑	↑
N	500	↓	↓	↓	↓	0 1	1 2	2 3	3 4	5 6	7 8	10 11	14 15	21 22	30 31	44 45	↑	↑	↑	↑	↑	↑	↑	↑	↑	↑	↑
P	800	↓	↓	↓	0 1	1 2	2 3	3 4	5 6	7 8	10 11	14 15	21 22	30 31	44 45	↑	↑	↑	↑	↑	↑	↑	↑	↑	↑	↑	↑
Q	1250	↓	↓	0 1	1 2	2 3	3 4	5 6	7 8	10 11	14 15	21 22	30 31	44 45	↑	↑	↑	↑	↑	↑	↑	↑	↑	↑	↑	↑	↑
R	2000	↓	0 1	1 2	2 3	3 4	5 6	7 8	10 11	14 15	21 22	30 31	44 45	↑	↑	↑	↑	↑	↑	↑	↑	↑	↑	↑	↑	↑	↑

↓ = 采用箭头下面的第一个抽样方案　↑ = 采用箭头上面的第一个抽样方案　Ac = 合格判定数　Re = 不合格判定数

参考文献

［1］陈国卫，金家善，耿俊豹．系统动力学应用研究综述［J］．控制工程，2012，19（6）．

［2］陈伟光，郭晴．中国对"一带一路"沿线国家投资的潜力估计与区位选择［J］．宏观经济研究，2016（9）．

［3］段小梅．台湾制造业投资大陆的产业集群分析［J］．台湾研究集刊，2007（2）．

［4］傅帅雄，罗来军．技术差距促进国际贸易吗？——基于引力模型的实证研究［J］．管理世界，2017（2）．

［5］郝景芳，马弘．引力模型的新进展及对中国对外贸易的检验［J］．数量经济技术经济研究，2012（10）．

［6］郝宇彪．中俄贸易合作水平的影响因素分析：基于贸易引力模型［J］．经济社会体制比较，2013（5）．

［7］侯剑．基于系统动力学的港口经济可持续发展［J］．系统工程理论与实践，2010（1）．

［8］蒋冠宏，蒋殿春．中国对外投资的区位选择基于投资引力模型的面板数据检验［J］．世界经济，2012（9）．

［9］赖新峰，陈志祥．营销策略对生产与库存决策影响的系统动力学仿真研究［J］．中国管理科学，2012（20）．

[10] 李存斌, 陆龚曙. 工程项目风险元传递的系统动力学模型 [J]. 系统工程理论与实践, 2012 (12).

[11] 刘承良, 颜琪, 罗静. 武汉城市圈经济资源环境耦合的系统动力学模拟 [J]. 地理研究, 2013 (5).

[12] 刘红梅, 李国军, 王克强. 中国农业虚拟水国际贸易影响因素研究: 基于引力模型的分析 [J]. 管理世界, 2010 (9).

[13] 刘娜, 关玲永. 全面质量管理的理论分析 [J]. 北京建筑工程学院学报, 2008 (2).

[14] 卢根鑫. 试论国际产业转移的经济动因及其效应 [J]. 学术季刊, 1994 (4).

[15] 鲁渤, 汪寿阳, 匡海波. 基于引力模型的区域物流需求预测研究 [J]. 管理评论, 2017 (2).

[16] 吕玉宝, 程莎锋, 邹春莹. 台商大陆投资的发展历史及结构现状分析 [J]. 当代经济, 2008 (12).

[17] 马捷, 胡漠, 魏傲希. 基于系统动力学的社会网络信息生态链运行机制与优化策略研究 [J]. 图书情报工作, 2016 (4).

[18] 潘安, 魏龙. 制度距离对中国稀土出口贸易的影响: 基于 18 个国家和地区贸易数据的引力模型分析 [J]. 国际贸易问题, 2013 (4).

[19] 阮建青, 石琦, 张晓波. 产业集群动态演化规律与地方政府政策 [J]. 管理世界, 2014 (12).

[20] 桑瑞聪, 刘志彪, 王亮亮. 我国产业转移的动力机制: 以长三角和珠三角地区上市公司为例 [J]. 财经研究, 2013 (5).

[21] 邵建春. 我国对拉美新兴市场出口的影响因素研究:

基于引力模型和变系数面板数据模型的实证分析［J］．国际贸易问题，2012（6）．

［22］申洪源．本地市场效应对产业转移的区域协调发展研究［J］．软科学，2011（12）．

［23］孙金彦．基于引力模型的中澳双边贸易互补性及贸易潜力的实证研究［J］．亚太经济，2015（6）．

［24］唐旭，张宝生，邓红梅，等．基于系统动力学的中国石油产量预测分析［J］．系统工程与理论实践，2010（2）．

［25］王佳佳．双转移的影响因素与路径规律研究［D］．广州：暨南大学，2010．

［26］王建稳．多品种小批量生产情形下的工序质量控制图［J］．数理统计与管理．2002，21（4）．

［27］王玲．眼镜材料加工基础与应用［M］．南京大学出版社，2012．

［28］王其藩，徐波，吴冰，等．SD模型在基础设施研究中的应用［J］．管理工程学报，1999（2）．

［29］王伟，杨娇辉，孙大超．东亚区域金融一体化动因与阻力分析［J］．世界经济，2013（1）．

［30］文昌俊，李莉，杨练根．多元质量控制分析与多元过程能力指数计算研究［J］．湖北工业大学学报，2009（1）．

［31］吴传荣，曾德明，陈英武．高技术企业技术创新网络的系统动力学建模与仿真［J］．系统工程理论与实践，2010（4）．

［32］谢孟军，王立勇．经济制度质量对中国出口贸易影响的实证研究——基于改进引力模型的36国（地区）面板资料分

析［J］．财贸研究，2013（3）．

［33］许德友，梁琦．珠三角产业转移的"推拉力"分析：兼论金融危机对广东"双转移"的影响［J］．中央财经大学学报，2011（1）．

［34］许治，何悦，王晗．政府 R&D 资助与企业 R&D 行为的影响因素：基于系统动力学研究［J］．管理评论，2012（4）．

［35］杨本建，毛艳华．产业转移政策与企业迁移行为——基于广东产业转移的调查资料［J］．产业经济，2014（6）．

［36］杨珺，李金宝，卢巍．系统动力学的碳排放政策对供应链影响［J］．工业工程与管理，2012（4）．

［37］杨锐邦，陈秉钧．SPC 技术在小批量多品种短期生产中的应用［J］．机电工程技术，2005（3）．

［38］易昌惠．最新质量管理和质量保证国际标准资料汇编［M］．中国标准出版社，1994.

［39］余长林．知识产权保护与我国的进口贸易增长：基于扩展贸易引力模型的经验分析［J］．管理世界，2011（6）．

［40］詹姆斯·R. 埃文斯，威廉·M. 林赛．质量管理与质量控制［M］．7 版．中国人民大学出版社，2010.

［41］张公绪，孙静．统计过程控制与诊断［J］．质量与可靠性，2002（6）．

［42］张海潮．基于引力模型的道路交通环境复杂度研究［J］．北京理工大学学报，2016（1）．

［43］左小德，张力方，梁云．产业转移的引力模型及实证研究［J］．产经评论，2011（3）．

［44］ VERNON R. International investment and international trade in product cycle ［J］. Quarterly journal of economics, 1966 (2).

［45］ ROGER PRESTWICH, PETER TAYLOR. Introduction & urban policy in the United Kingdom ［M］. London and New York: Longman group UK limited press, 1990.